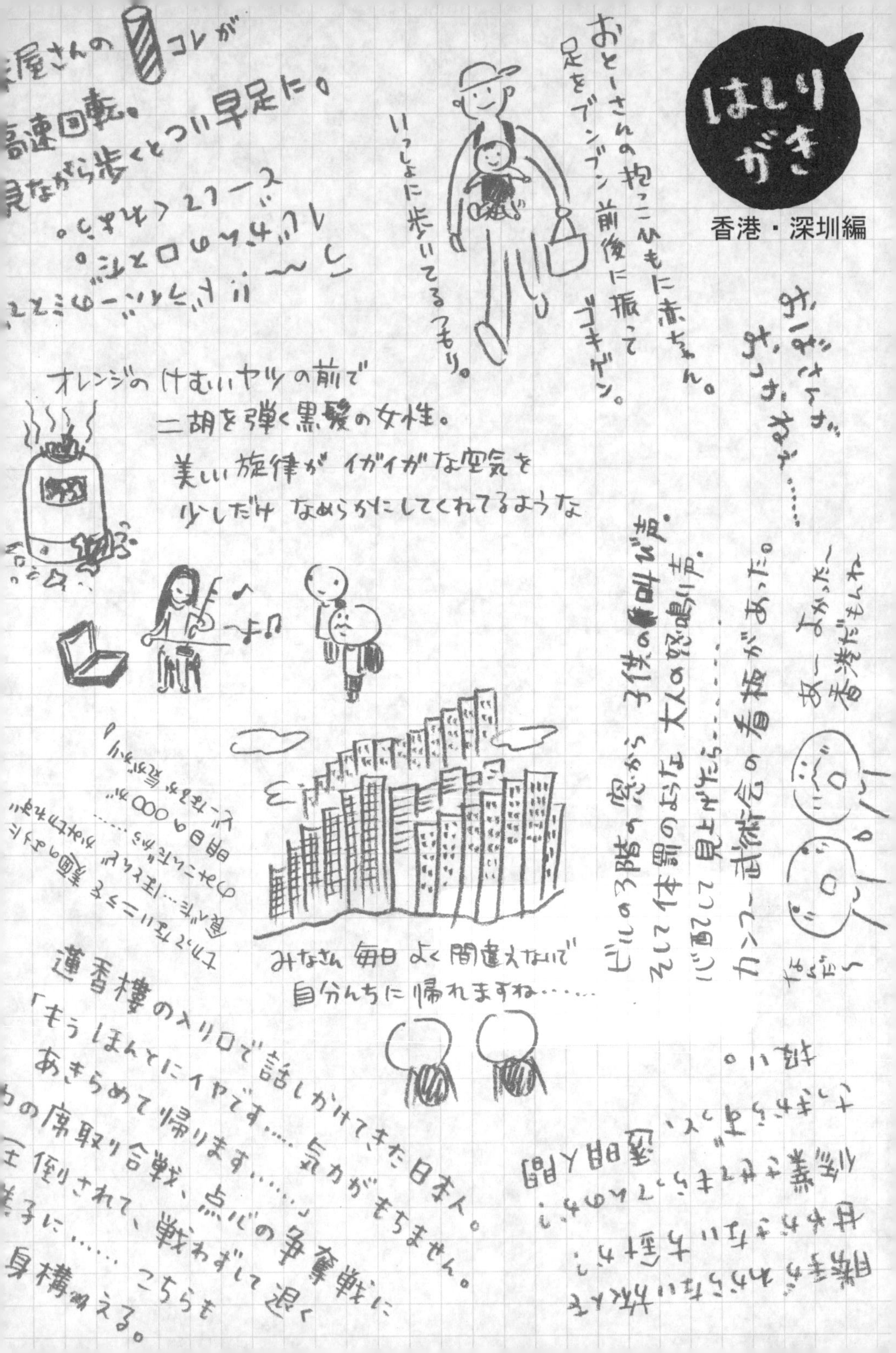

はしりがき
香港・深圳編
おとーさんの抱っこひもに赤ちゃん。
足をブンブン前後に振ってゴキゲン。
いっしょに歩いてるつもり。
屋さんのコレが高速回転。
見ながら歩くとつい早足に。
う～!! ドライバーのミスで
1じかんのロスだ。
どーしてくれよう。
オレンジのけむいヤツの前で
二胡を弾く黒髪の女性。
美しい旋律がイガイガな空気を
少しだけなめらかにしてくれてるような
おばさんが
ビルの3階の窓から子供の叫び声
そして体罰のような大人の怒鳴り声
に驚いて見上げたら……
カンフー武術会の看板があった。
なるほど～
あ～よかった～
香港だもんね
切ってないニラを麺のようにかみ切れず
食べた…ほとんどのみこんだから……
明日の○○○がどーなるか気がかり♪
みなさん毎日よく間違えないで
自分んちに帰れますね……
蓮香樓の入り口で話しかけてきた日本人。
「もうほんとにイヤです……気力がもちません。
あきらめて帰ります……」
ちの席取り合戦、点心の争奪戦に
倒されて、戦わずして退く
様子に…… こちらも
身構える。
勝手がわからない旅人を
甘やかさない方針か?
修業させてもらってんのか?
さっきからずっと、透明人間
扱い。

どこよりも健康志向かと思いきや、器の使いまわし、まちのタバコの煙、歩いてる高齢者の少なさ……が気にかかる第一印象♪

バスのストップの案内音「朝はパン♪」と同じな。

営業スマイルがないとか
仕事が雑だとか
ツメが甘いとか
かんじわるい、とか
そこまでは、慣れている。
が、
イジワル、
イヤガラセ、
ムシ、は、
悪気がないとは言わせないよ。

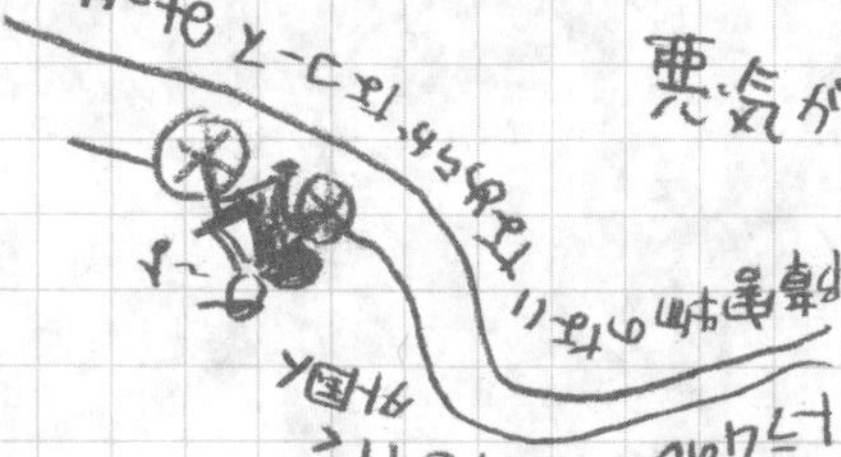

電車で深圳。
イミグレに着くと、モニターから勇ましい映像と軍歌的な曲の大音量で迎えられた。

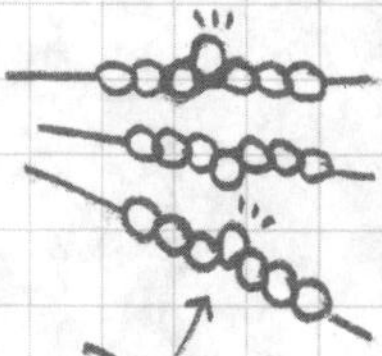

地下鉄で老街へ。
服務の人は、ほほえむことを禁じられてるかのように、こちらが何度も、何を尋ねても、目も合わさず、ほほえまず、かたくなに無表情をつらぬく。すごいな。

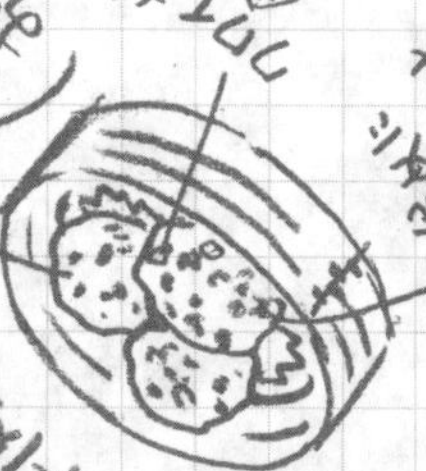

ガチ混みのトラムは、降りる時大変。せますぎて、出口までたどりつけない。みんなどーしてるの??

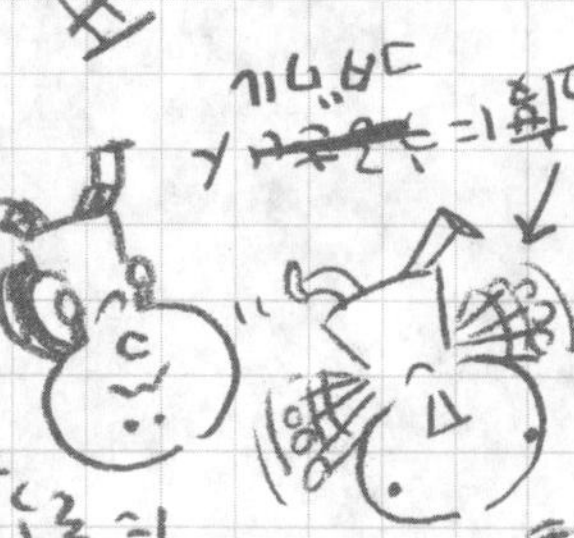

ビールはキンッキンじゃないと！
料理はアッツアツでいただきたい！

香港は、食べ物も旅も、台湾ブーム?

テーブルの下の客の足を、モップでつつきながら掃除。
……は、夜の食堂の常?

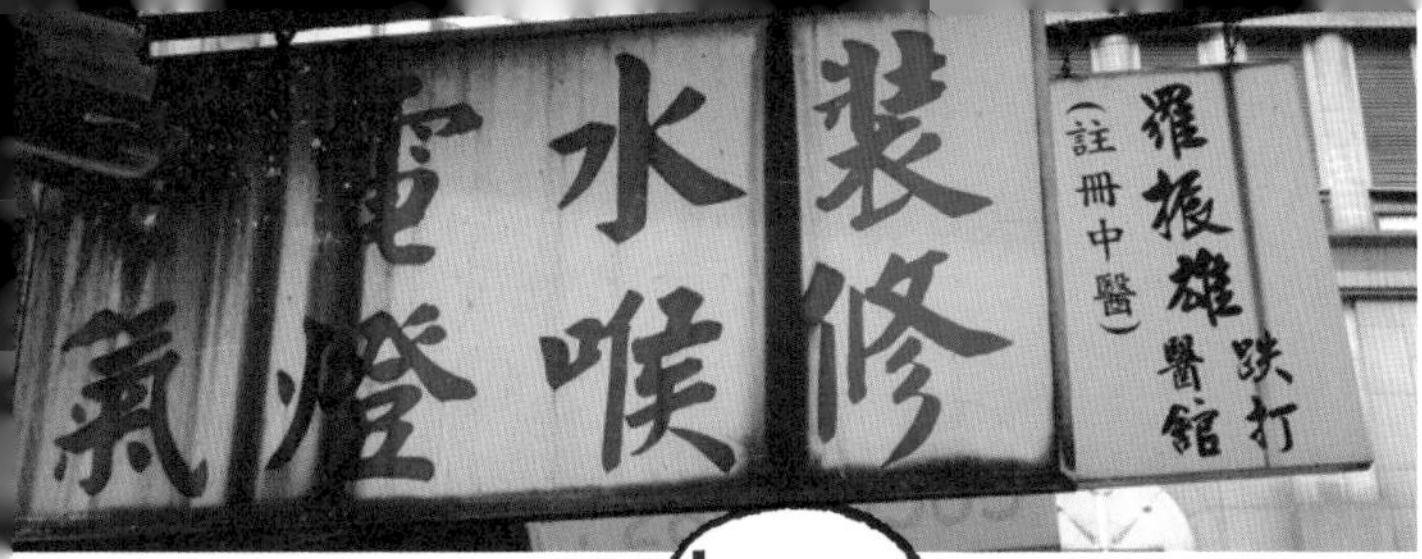

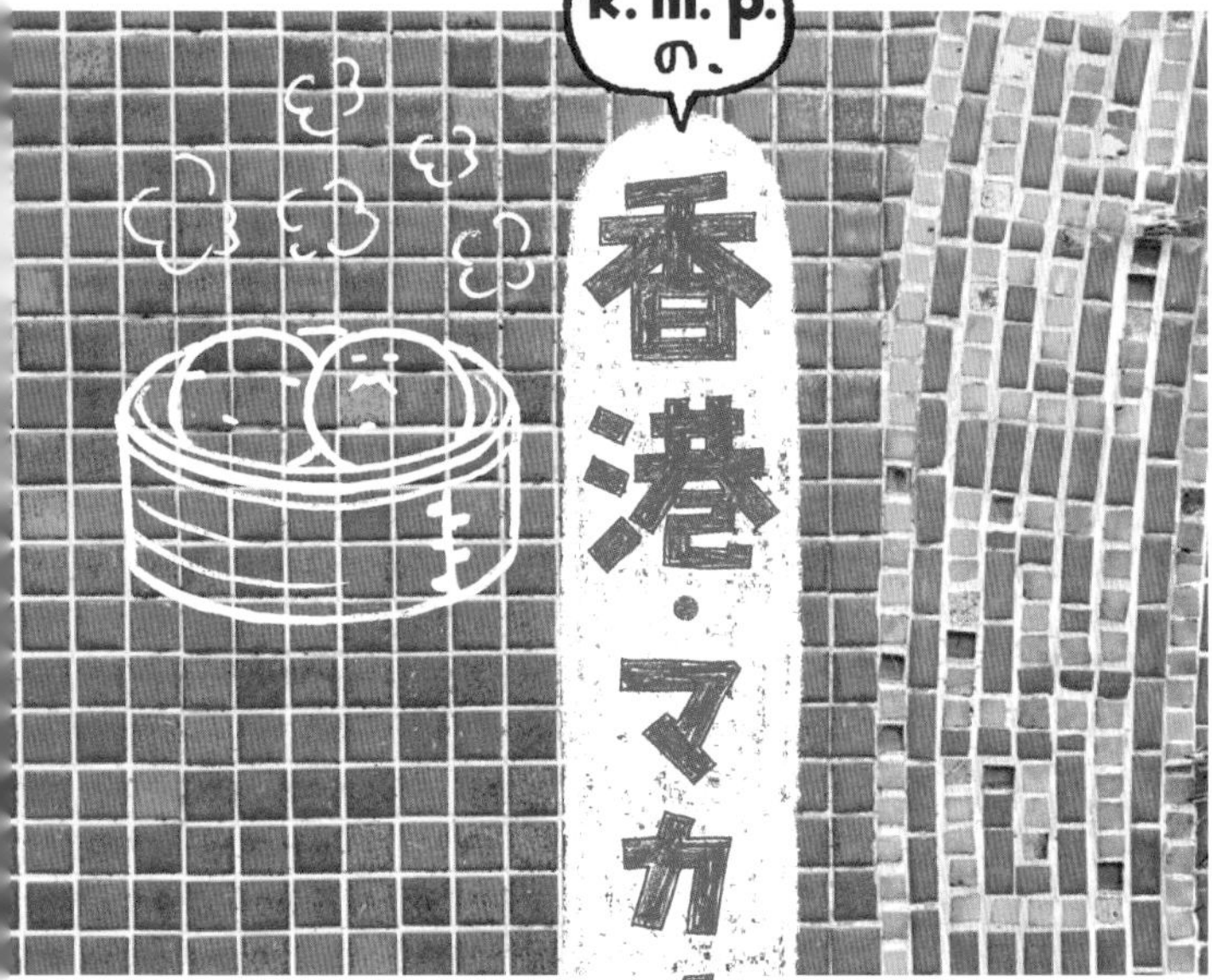

k.m.p.の、

香港・マカオぐるぐる。

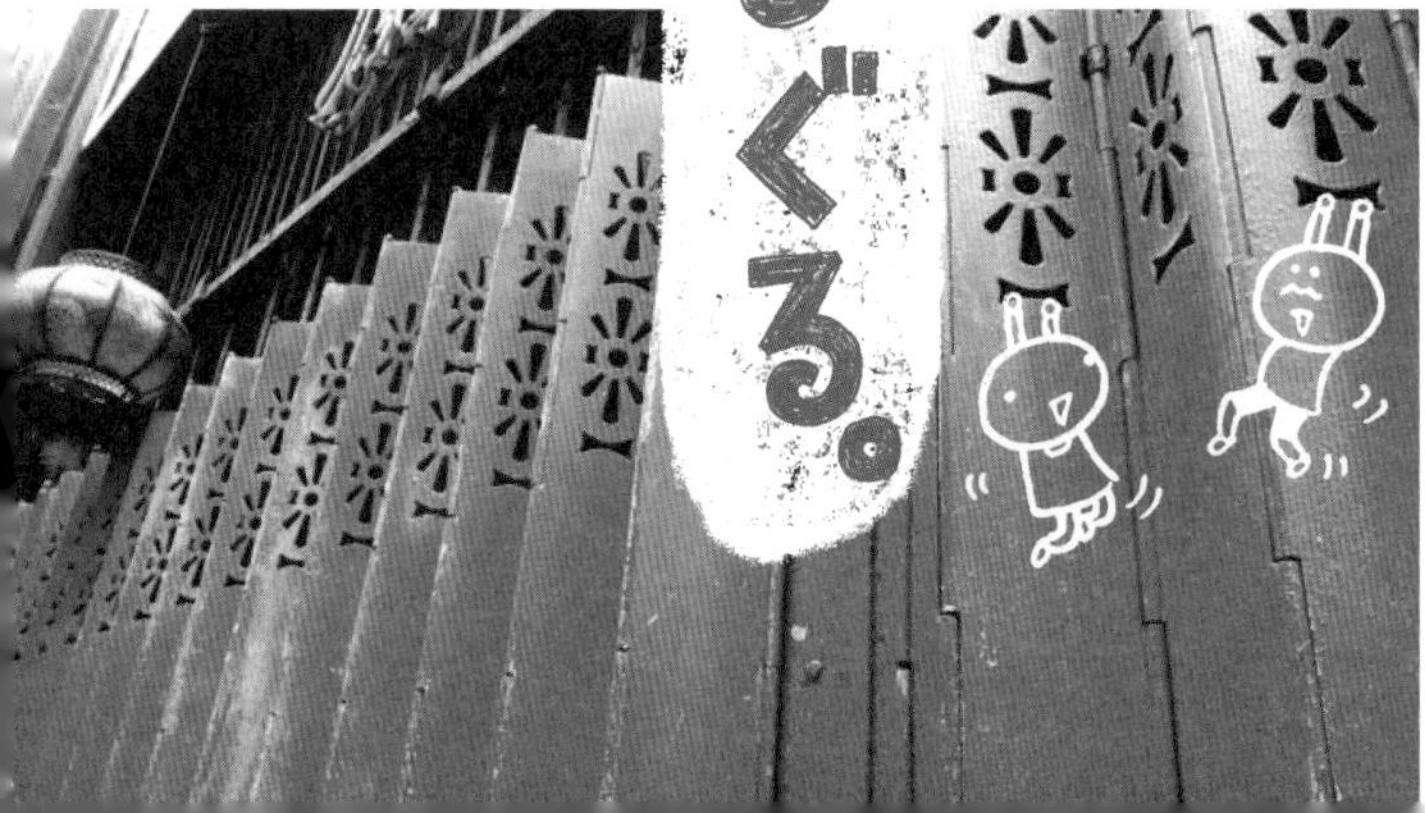

k.m.p.
ムラマツエリコ
なかがわみどり

東京書籍

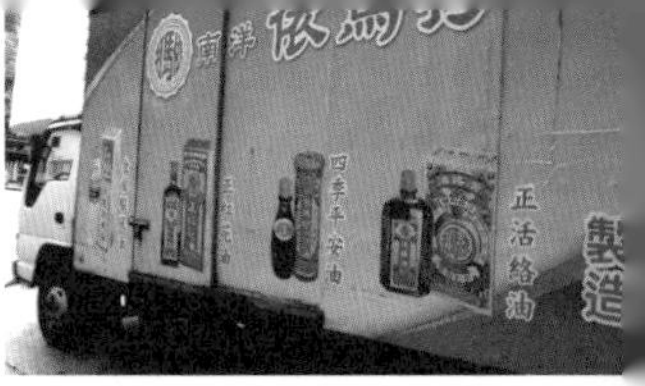

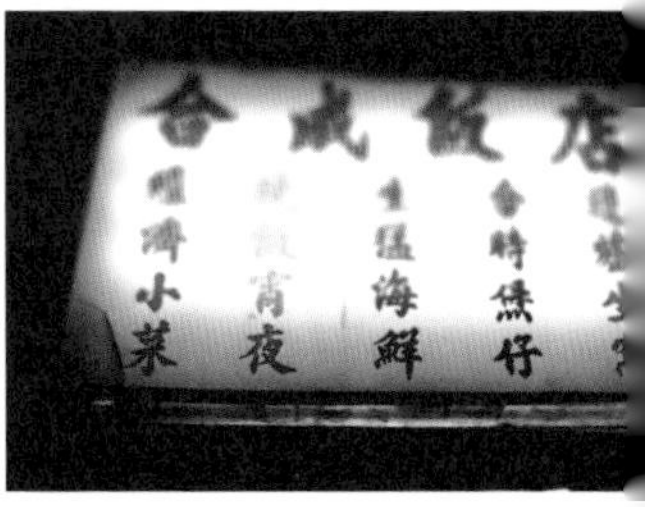

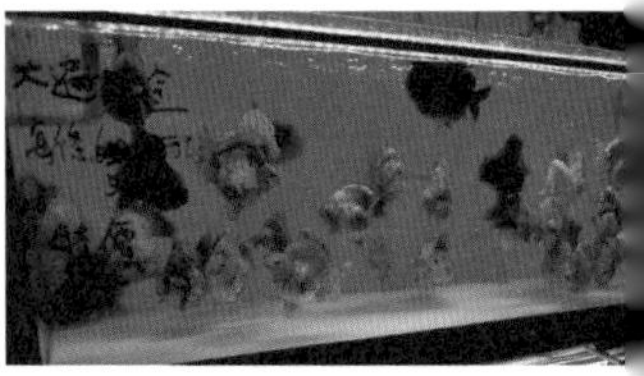

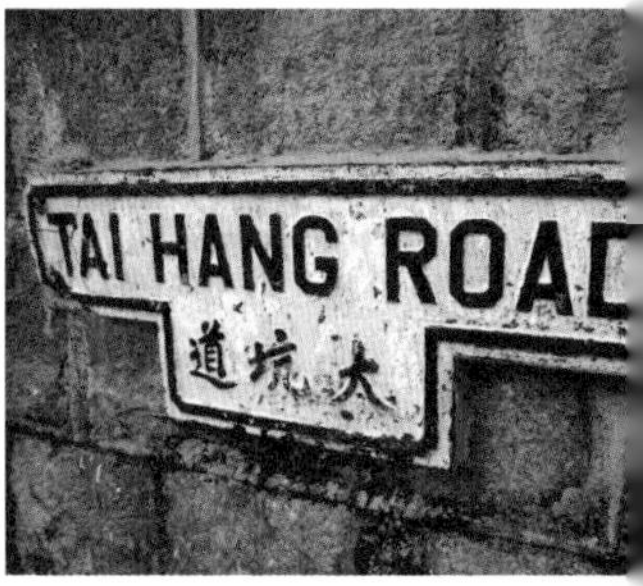

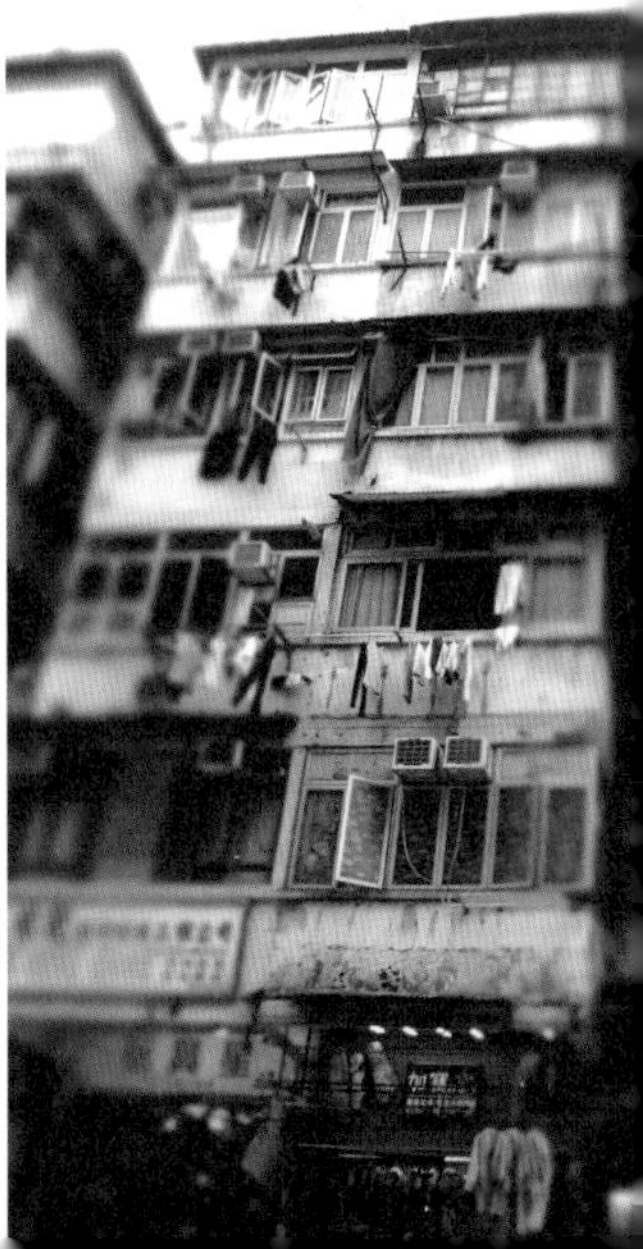

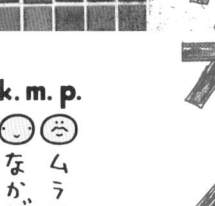

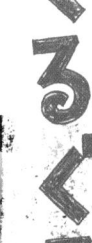

近場にまさかの
はじめてがあった。

はじめての香港、
はじめてのマカオ。
いきなり一気に3週間。

どんな旅にしようかな。
どんな旅になるのかな。

いいねー

ここどこ?

レトロ～

わくわくするう

お腹すいた

ベトナム?

早く食べよ!

アートだね

行ったとこMAP

アバウトで
個人的な
MAPです

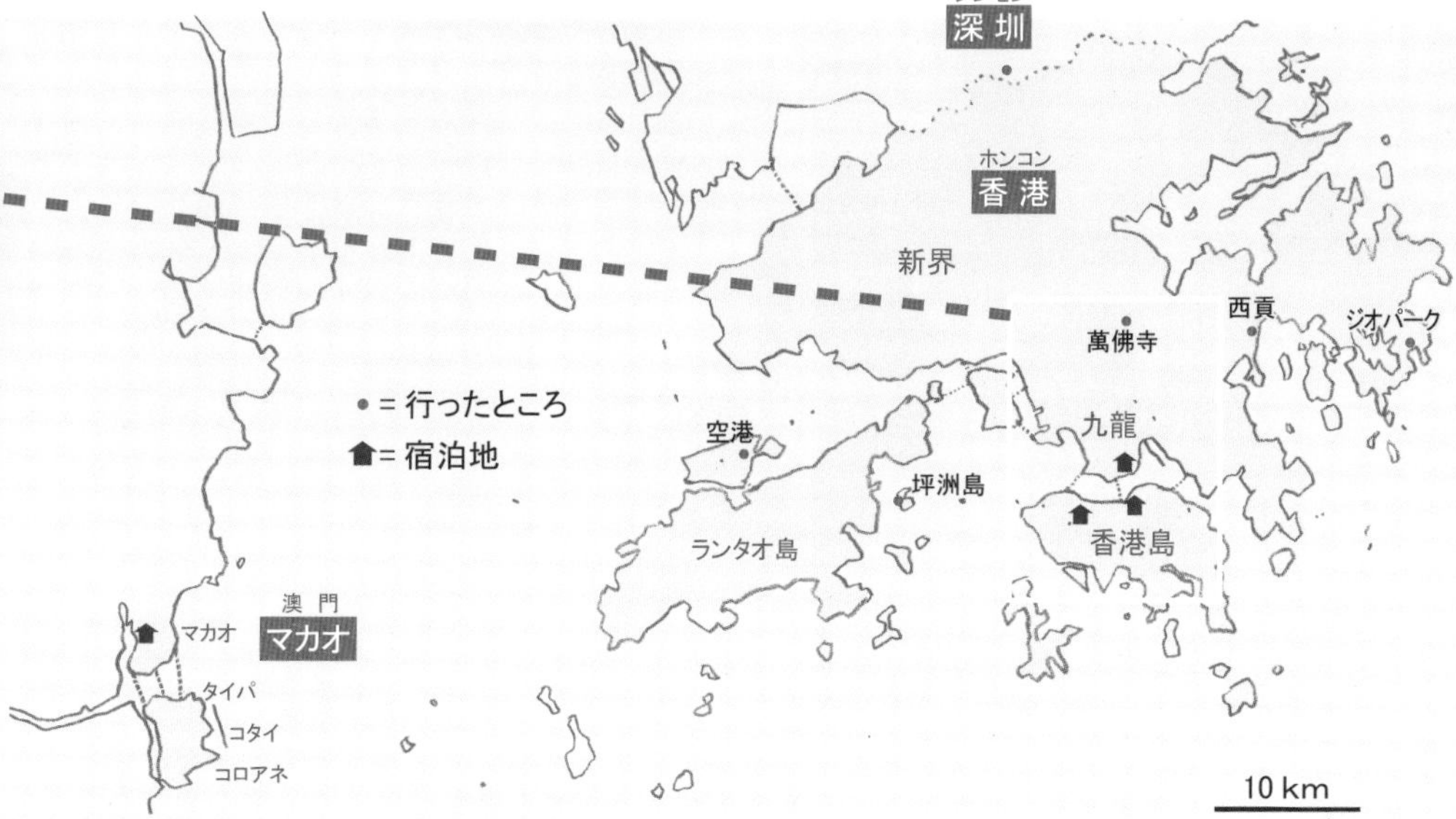

深圳《シンセン》
香港《ホンコン》
新界
萬佛寺
西貢
ジオパーク
● = 行ったところ
⬆ = 宿泊地
空港
九龍
坪洲島
ランタオ島
香港島
マカオ《澳門》
マカオ
タイパ
コタイ
コロアネ
10 km

今日は
どこに
行こうかな

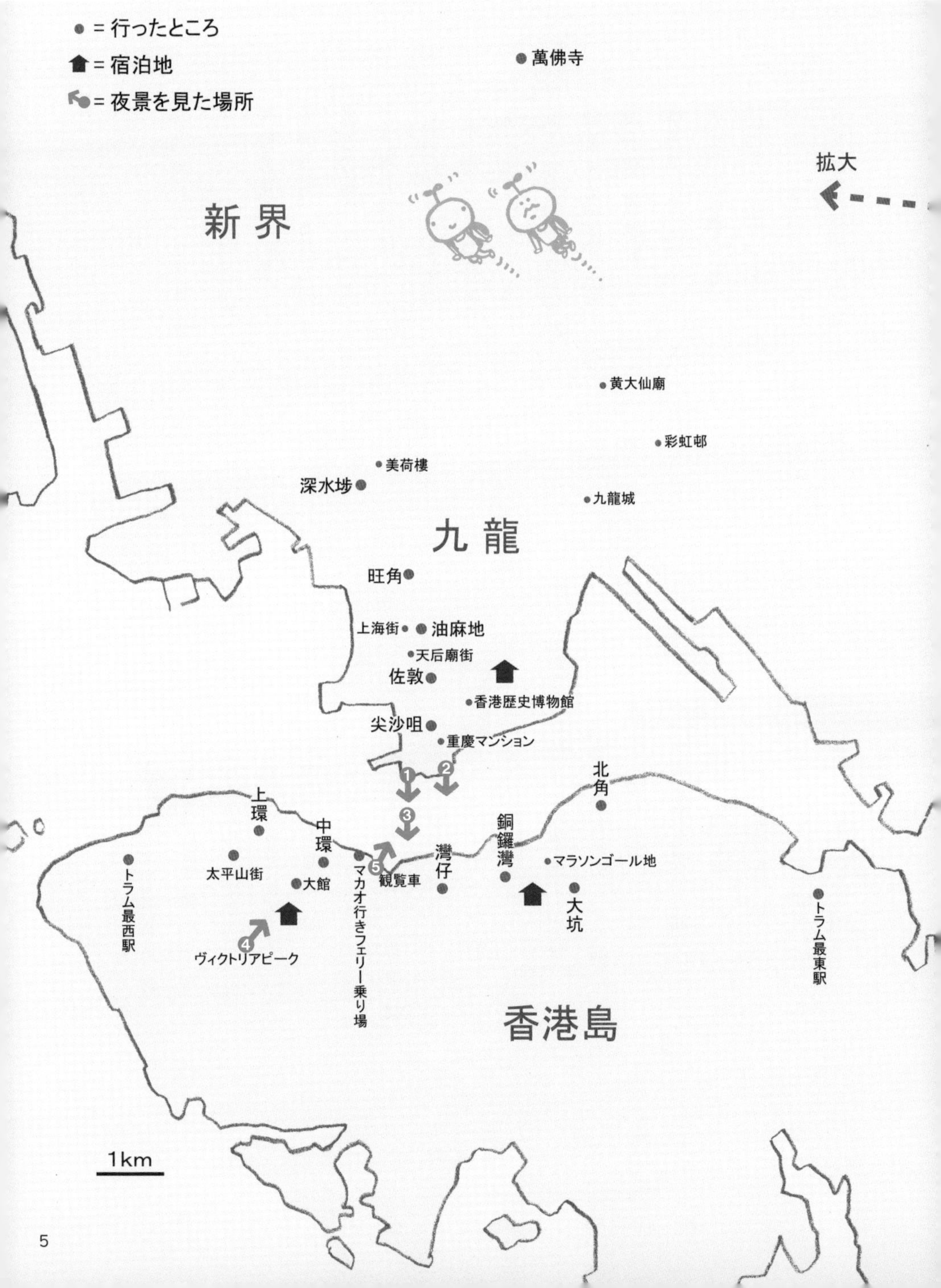

= 行ったところ
= 宿泊地
= 夜景を見た場所
萬佛寺
拡大
新界
黄大仙廟
彩虹邨
美荷樓
深水埗
九龍城
九龍
旺角
上海街
油麻地
天后廟街
佐敦
香港歴史博物館
尖沙咀
重慶マンション
1
2
3
4
5
北角
上環
中環
銅鑼灣
灣仔
マラソンゴール地
太平山街
大館
観覧車
大坑
トラム最西駅
マカオ行きフェリー乗り場
ヴィクトリアピーク
トラム最東駅
香港島
1km

もくじ。

＊1元（1香港ドル）＝15円で計算しています。　マカオのパタカも、ほぼ同レート。

＊旅の雰囲気を伝えることを第一にしたいので、具体的な店名やデータは載せていません（一部飲茶店は例外）。

今回の宿選び

標準的な、ホテルのツインルーム。

旅の準備の中でも、
一番の悩みどころで、
でも、
一番楽しくもあるのが、
宿選び。

予約していく、
していかない、
ホテル、アパート、
コンドミニアム……
今回、この
宿代が高い香港で、
選んだお宿は……

これです

狭くて高い、どうしよう

ホテル比較サイトで、
・中心地に近い
・個室（＝相部屋ではない）
という条件で探すと、1万円以下では、すごく狭い部屋しかない。
最近行ったタイや台湾では、宿は1500円からあり、3000円も出せば結構いい部屋に泊まれたので、その差に愕然とする。

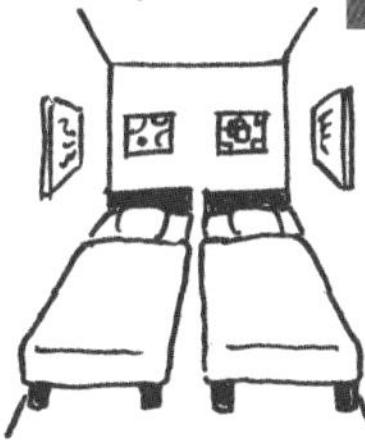

細いベッド。そのベッドから下りることもできない狭さ。

↓
ふと、その日程の前後が「旧正月」に当たることに気づく。

↓
しかし日程を1週間ずらしても、まだ高い。でも、これ以上ずらせず。

↓
それにしても、この狭い部屋はなんとかならないか。

↓
そうだ！「民泊」はどうだろう？
狭くても、ホテルよりは「暮らし」っぽいのでは？

↓
価格は10000～12000円と決して安くはないが、ホテルより広いし、個性的な間取りで面白い。キッチン、洗濯機、机も付いていて、生活を楽しめそう。民泊は はじめてで不安だったが、挑戦してみることに。

↓
九龍側、香港島、マカオ…で、数泊ずつ、3軒の民泊を予約。最後の数泊は予約せず、現地で様子を見て決めることに。

なーんだー
だから
高いんだよ～
やっぱり
常に高いのか？
？

これじゃ
ホテルライフが
楽しくない！

楽しそうな部屋があるぞ！

民泊の仕組み

予約はネットで。（ホテルとほぼ同じやり方）
細かい住所や入室方法は、ギリギリにならないと教えてもらえなかったり…など、ちょっと不安もありました。
部屋を丸ごと借りるタイプだと、宿主と顔を合わせる必要はなく、気が楽でした。（滞在中に、もしなにかあったら連絡は取れるようになっています）

部屋は、
それぞれ個性があったので、
あとのページで紹介していきます～

高かったワケ？

あとでわかったのですが、高かったのは、その時期ちょうど「香港マラソン」が行われるから……だったようです。（海外からの参加者が多いそう）

だから
高かった
のか～

後日、他の日程で検索してみたら、もう少しお安めでした。

タイや台湾の
価格とまでは
いかないけれど

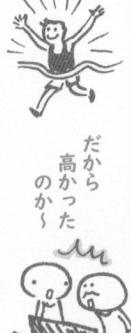

旅の準備、もちもの

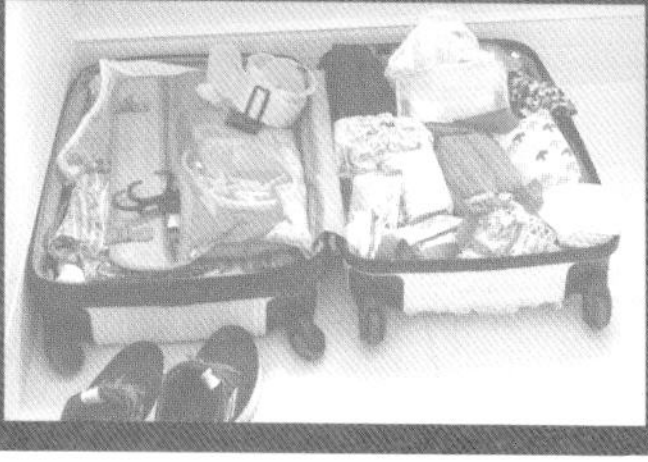

日程を決める。飛行機を予約する。宿を予約する。観光の予定を立てる。

だんだん、その旅のスタイルが見えてくる。

そうすると自然と、必要な「モノ」がわかってくる。

今回は民泊だからお皿や湯沸かしはいらないな
洗濯物干しはいるかなぁ？

食べ歩きセット

町歩きの時、必ず持っていく、お弁当箱とアーミーナイフ。お菓子やパンを買った時に便利。撮影しやすいし、この中で切り分けることもできる。フタもお皿になるので2人で使える。残しても、そのまま入れて持ち歩けちゃう。

民泊、備品の有無

置いてある備品は、宿によっていろいろで……

・1軒だけ「タオル類は置いてません。持参してください」という宿があった。その1軒のために持っていくのはちょっとむなしかったりする。

・キッチンがあっても、食器、道具、調味料は、あったりなかったりと、まちまち。

・変換プラグが置いてあるのは有難いけど、事前の条件に書いてなかったので、買って持ってきちゃったよ。

香港でしか使わなそうな、ゴツイタイプの

＊香港はレジ袋が有料なので、エコバッグも必携です。

役立ったもの

いつも足の裏が痛くなる（妻）は、何種類もの靴の「中敷き」を持っていく。でも今回は、なぜか全然大丈夫。すると、いつも平気な（夫）が痛くて歩けないという。譲ったら……

ほら
すごい！全然痛くなくなったよ！中敷きって大事なんだね！

ウェットティッシュ

食堂では「おしぼり」が出ないので、これは必需品。除菌タイプのものが◎。テーブルやお箸も拭く。

宿でも活躍。チェックインしたらすぐ、あちこち除菌してまわる。ドアノブ、冷蔵庫、リモコン……そして意外と盲点なのが、椅子の背もたれと、机のヘリ。

悩ましい「服」

気候がわかっていても難しいのが、「服」。いらなかったり、持ってくればよかったと悔やんだり、多かったり少なかったり、思いがけず寒かったり、時に、場違いであったり……ちょうどよかったということは、まずない。

「いらなかった」という後悔よりも、「持ってくればよかった」という後悔のほうが大きいので、最近では、移動が少ない旅なら悩んだら持っていくようにしています。「現地で買えばいい」かもですが、それに時間を割くのは、もったいないので。（現地の服が買いたい場合は、もちろん別）

結局、洗濯物干しは持っていきました。

今回ギリギリまで悩み、結局持っていったのは、ダウンジャケット。（ちょうど、短い冬の時期だった）以前、台湾で部屋が寒かったのを思い出し、香港も暖房設備が、ほぼないということで。

寒〜
持ってきてよかった〜

↑香港は雨がよく降ったので、傘も持っていってよかったです。

部屋は、ダウンを使うほど寒くなかったが、雨の日や、夜の町歩きに、大活躍だった。

最初の宿へ

この窓のどれか♡

宿主とのやり取りがうまくいかず、出発2日前にやっと、正確な住所や鍵の開け方が送られてきた。

先方は中国のSNSでのやり取りを希望してきたのでなかなか連絡が取れず…
どきどきした〜

空港からバスで小1時間。そこからちょっと迷って30分ほど歩き、やっと、私たちの部屋のある建物の入り口にたどり着いた。

＊民泊なので写真はあまり載せていません。

そこからの手順

まず、建物の入り口にある装置に、暗証番号を入力。

お、開いた

→ 階段を数段上がると、奥に警備員室が。あいさつしていいものか、迷う。

なんとなく会釈する。

すると、何気にエレベーターのボタンを押してくれていた。

→ 2つあるエレベーターの、左のほうに乗る。

偶数と奇数で分かれてる。

↓

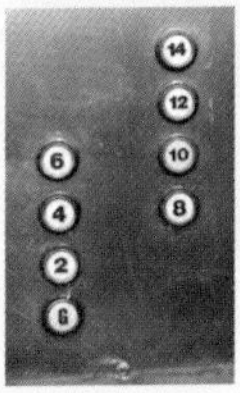

中の表示も偶数のみ。

→ 8階に到着すると、扉が3つ。

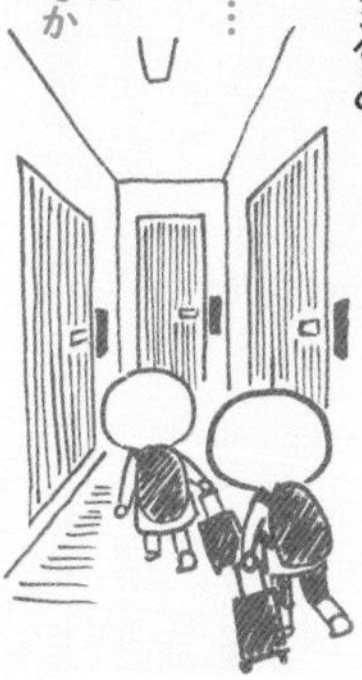
えーと、8C…ここだー
ここもまた暗証番号か

こんなお部屋

間取りは、こんなかんじ。

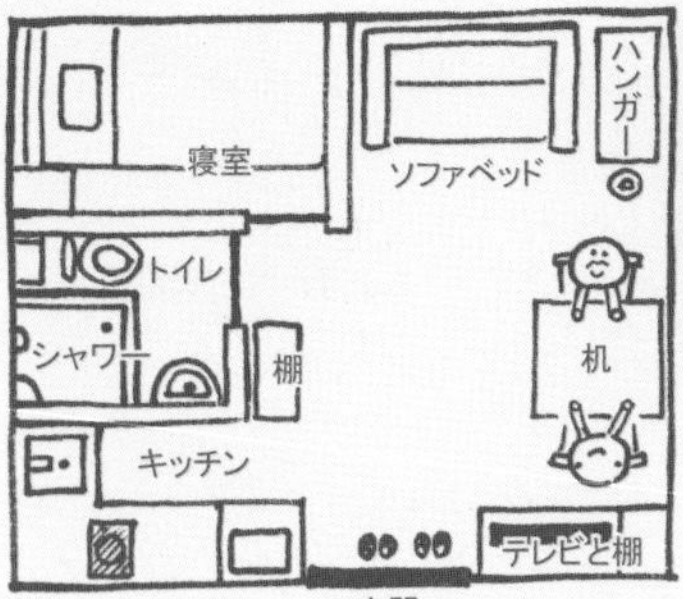
ハンガー
ソファベッド
寝室
机
トイレ
シャワー
棚
キッチン
テレビと棚
玄関

思ったよりは……狭いかな
ネットに載ってる写真、うまいな

こんな設備

充分なキッチン（食器や道具も充実）、電子レンジ、冷凍冷蔵庫、乾燥機付き洗濯機、大型テレビ、トイレと別になったシャワー、大きな机（テーブル）。ホテルではとても望めない、生活しやすい設備。

＊他にも、タオル、ドライヤー、変換プラグ、ハンガー、調味料も。

ただ、「ベッドが2つ」という条件で選んだ宿だったが、ソファベッドは古いのか、広げるとスプリングが背中に当たり、まともに寝られそうになかった。なので、ソファのままこんな体勢で寝てました。

斜め寝＆クッション継ぎ足し。

私たちの定位置

大きめの机（と椅子）があるだけで、宿での過ごしやすさが、グッと高まる。帰ってきたら、もう、ずっとそこに座って、ノートを書いたり、おしゃべりしたり。もちろん、食事もそこで。私たちにとって、机は、愛すべき旅の友。

机に座ると、自然と、ノートまとめなどの作業をやりたくなってくる。

大きい机、
うれしいね
♪

ソファだと、テーブルが低いし遠いし、姿勢も、くつろぎモードになっちゃうし。

だら～ん
イメージ

こまごましたものを置いておく場所としても重宝。（にしても、ゴチャゴチャしすぎ）

窓のサンも活用。

ゴミ袋（マステで机に貼りつけてる）

楽しい部屋食

基本は外食だとしても、キッチンがあることで、朝食や夜のおつまみなどの、ちょっとした食事も、豊かなものになる。

充実したキッチン。

出前一丁

キッチンがあれば、袋麺だって食べられる。

キンキン！

ビールは、飲む少し前に冷凍庫に入れる。

お惣菜のイカの燻製は、電子レンジで少し温めて。

豚肉と野菜をササッと炒める。

お
ピピッ
（電子レンジの音）

KING CAN
BLUE ICE

おつまみはバナナとオレンジ。

Fresh
さあ、何作る？

珍しくテレビを見る毎日

この宿のテレビは、いくつか「番組」が内蔵？されていて、ついつい夜更かし。

70年代からのミス香港コンテスト、約50年！分。化粧や髪型、ファッションの変遷が面白い。

なにこのダンス…
斬新
「眉毛」で時代がわかるね
この人優勝じゃない？
ほらやっぱり

香港人が日本や台湾を旅する番組。台北の「巨大蒸籠（せいろ）の回」が気に入って、飽きずに毎晩見てた。

出た～巨大蒸籠！
そっかー蒸籠だからずっと冷めないのか

＊日本のちょっと古いドラマも、吹き替えなしで入ってた。

この宿で約1週間。部屋のスタイルも相まって、香港に住んでいるような気分を味わえました。

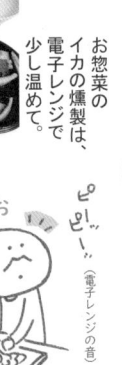

ご近所の話

あのぶら下がってるの、なんだろ？

近くに葬儀場があるらしく、
近所のお店と言えば、
棺桶屋さん、
お供え物のお店、
そして、
葬式専門の生花店。

……と言うと、
湿っぽい環境のようですが、
なぜかとても、
華やかで賑やかな
通りなのでした。

花屋さん

一番多いのは、
お葬式用の
花輪を
手がける店。

朝、
この通りには、
作られたばかりの
花輪が、
あちこちに
置かれる。
ホースで水を
たっぷりかけられ、
陽の光を浴びて、
生き生きしている。

新鮮な花を
使っているからか、
生け方が
華やかだからか、
寂しいとか
湿っぽい雰囲気は
あまりなく、
ただただ、
漂う花の香りが、
ここちよかった。

いつも新鮮で、使いまわしは
してないかんじ。

ハートだ。
これも
お葬式なの？
♪～

花輪の使い道

夜、葬儀場の前を通った時、
何人も、声をかけてきた。
客引きらしき人が、

☆×※
○▲☆？
■◎♪？
え？
なに
なに？
◎※▽？
◆×□？
あっ！
お葬式に
来たんじゃ
ないです！

どうやら「花輪を買わないか」と言っているようだ。
「誰の葬儀に来たんだ？」と、葬儀のリストを見せてくる。

「弔問客がその場で花輪を買う」という習慣が
あるらしい。あの花輪は、予約注文だけでなく、
こんなふうにも使われているのか……

棺桶屋さん

よく見ると、木目はフェイク。
絵の具で描かれていた。

店の中いっぱいに、
棺桶が積まれている。

この線、
絵だよ
じゃあ
ほんとの
素材は
なんだろ？

賑やかそうな、あの世

軒先に紙製の「おもちゃ」が沢山吊るされている。でもなぜこんなところに？　よく見てみると……

これって……お葬式に関係あるものなんじゃない？

そうか！　お供え物だ。生前好きだったものやあの世で必要なもの？

生活用品シリーズ

生前使っていたもの？　あの世でも困らないようにという思いなのかな。

洗濯機。きれい好きな方だったのかな。

エアコン。どうせなら、最新型にすればいいのに。

なぜ換気扇？

他にも、炊飯器、ポット、マッサージチェアなど……

煩悩シリーズ

最新スマホ、高級車、豪邸、高級ブランド……

これらは、あの世でも贅沢を……ではなく、現世で叶わなかったことなのかもしれない。そう考えると、急に切ない気分になる。

ブランドのバッグ、金銀の装飾品、時計など……

あの世で使える？　通帳、旅行チケット、クレジットカード……

そんなお店がいくつも。

ギャンブルシリーズ

競馬、サッカーくじ、麻雀、ビンゴ……「賭け事モノ」がやたら多かった。あの世でもお金儲けがしたいのかしら……

手作りの「麻雀卓」。

遠近感のある写真を使い、飛び出す絵本のような大作。

オーダー品？

店先で原寸大のギターを製作していました。

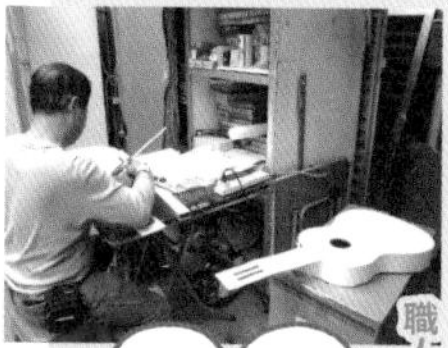

職人だね

近くの食堂

夜、この町に戻ってくる頃、「お葬式」関連の店はもう閉まっていて、灯りがともるのは、小さな食堂やお弁当屋さん。

こんなに沢山あったんだ。お花やお供え物が賑やかで、気がつかなかった。

その灯りに吸い寄せられ、つい、寄り道してしまう。

この店いいかんじ

ちょっとだけ寄ってこっか

↑すでに飲茶を食べてきてる。

顔なじみの店？

毎日行く食料品店で「おじさんと顔なじみ」っていうのを目指したが……失敗。

今日もお水を買いに来ました～

……よ？

何日通《かよ》っても、スルーされる。

……。

だめか

一方、大手スーパーのおねえさんは、とってもフレンドリーだった。

知ってる日本語を駆使して、話しかけてくれる。

ジャパン？

コニチハ！

じーん

疎外感がとけていく～

民泊だからこそ味わえただろう雰囲気の、町でした。

公共の乗り物を乗りこなそう

←トラム
←2階建てバス

海外で公共の乗り物、とくに路線バスを乗りこなすのは、難しい。でも大丈夫！ 地図アプリを使えば大丈夫！ 香港では、路線バスが使えるかどうかで劇的に旅が変わると思う。

2大便利道具

空港で「オクトパス」（交通系ICカード）をゲットしよう。

使い方はSuicaなどと同じ。お買い物にも使える。

……ばっちり香港ぐるぐる！

k.m.p.流、地図アプリの使い方

入力のコツ

駅名を入れるのではなく、出発点は「現在地」とし、行き先は「目的地そのもの」（店名、スポット名など）を入れる。

出発 現在地
到着 中央飯店

なぜならバス路線は無数にあり、停留所も沢山あるので、1つに絞れないから。

さらに地下鉄やトラムという選択肢もあるし。

イメージ図
←今ココ
どれに乗ればいいの〜

ルート選びのコツ

出てきたルート候補の中から、なるべく「バス」「歩きが少ない」ものを選ぶ。

出発 現在地
到着 中央飯店
時間はちょっとかかるけど、バスを乗り継ぐこのコースがよさそうだな

地下鉄を避ける理由

①結構歩くから。地下鉄の入り口からホームまでが、とてつもなく遠かったり、階段しかなかったり。

②エレベーターやホームが混んでいて、順番待ちになることが多かったから。

③風景が見えないので、土地勘が養えなくて、楽しくない。

バス乗車中のコツ

常に現在地を表示し続けてくれるので、見ていれば、降りる場所が近づいていることがわかる。

あと停留所3つだね、5分後に着くよ

これをやっていると、次第に土地勘がついてきます。

降りる前のコツ

バスを降りる前に「降りたら、どっち方向に進むか」を、確認しておく。

バスが動いているあいだは「方向」が把握しやすいので。

「方向音痴の私たち」ならではの対策。どんなに地図が正確で、現在地がわかっていても、「進むべき方向」がわからなくなってしまうので。

バスを降りたら、戻り方向に歩いて、道路を渡って右、だね
来た道。
これから歩く道。

香港の、公共の乗り物

地下鉄

悪者扱いしてしまいましたが、長距離移動には、やっぱり便利。

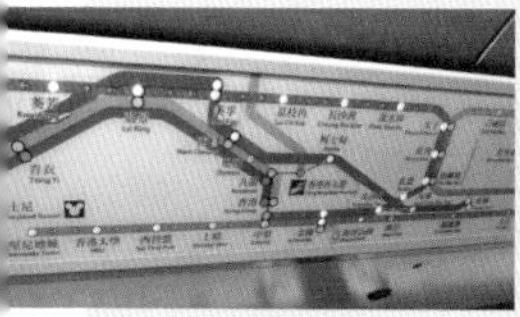

今いる場所＆この先行く場所が、ランプで光っていて見やすい。

優先座
Priority Seat

かわいい優先席。

フェリー

九龍地区と香港島を結ぶスターフェリー。観光気分が味わえるのに、運賃は たったの、40～50円！

夜景もゆっくり楽しめる。

トラム

価格、便利さ、旅情……と、完璧な乗り物。

詳しくはP80に

ピークトラム

ヴィクトリアピークへ行くケーブルカー。これも、オクトパスカードが使えます。

これは、かつての車両。

エスカレーター

中環地区にある、長～いエスカレーターも、立派な「公共の乗り物」だ。

あっ今は朝の下り運転だ～

高低差135ｍの土地に全長約800ｍ（23基）。全部乗ると、23分かかるとか。

「2階建てバス」は次のページで

香港独自の交通系アプリもあるんだけど、英語と中国語のみで、自分には使いにくかった
日本でいつも使ってる地図アプリで充分だね

スマホに「地図アプリ」（モバイルマップ）を入れておこう。

日本で使って慣れておくといい

この2つの組み合わせで……

迷ったら見上げよう

小さな通りにも「名前」があるので、場所を把握しやすい。

Star Street
星街
えーと、ここは星街か
小路にもちゃんと名前がついているのは、イギリスの名残なのかな

地図アプリに頼りすぎると…

香港で、このように便利に使っていた地図アプリ。しかし、マカオでは「現在地表示」が誤作動。それまでこの地図に頼りきりだったので、それだけでパニックに。

現在地がわからない～
てことは、ルート検索もできないってことだよね
まいった
紙の地図も久々で……
えっと、北はどっちだ？
こーか？
いや逆か？
ぐる
ぐる

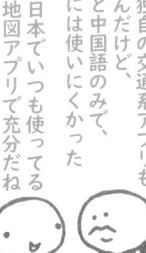

2階建てバスあれこれ

路線バスの、ほぼすべてが2階建てバス。路線は番号で管理されているので、わかりやすい。前述の「2大便利道具」を片手に、乗りまくろう。

101
104

時刻表はないが、何分間隔なのかが書いてあるので、有難い。

＊ミニバスはP74に。

2階座席へのあこがれ

観光気分で、つい2階に上がりたくなる。
（数駅しか乗らない時はガマンするけど）

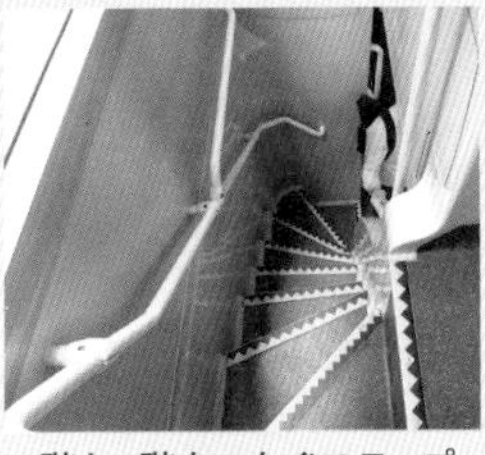

1階と2階をつなぐステップ。
走行中に移動するのは、
Gがかかり、なかなか大変。

うぐぐぐ

そして、子どものように一番前の席を目指す。が……

あら残念、先客が…

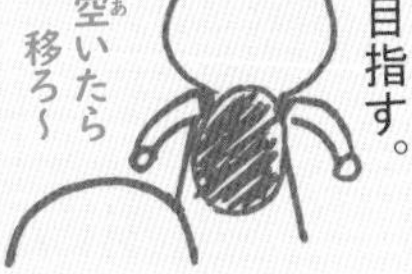

空《あ》いたら移ろ〜

一番前の席からの眺め。

眺めは最高なのだが、
日中は日差しが厳しく、
夜は夜で、車内が明るすぎて
自分の顔がガラスに映り込み、
夜景がよく見えなかったり。

もっと暗くていいのにね
……。

キケンな車内

運転は、結構荒い。はじめて乗った時、いきなり吹っ飛ばされた。

そして、
座っている時にも
注意が必要だ。
カーブになると……

わわわわわ
スルスル
スルスル

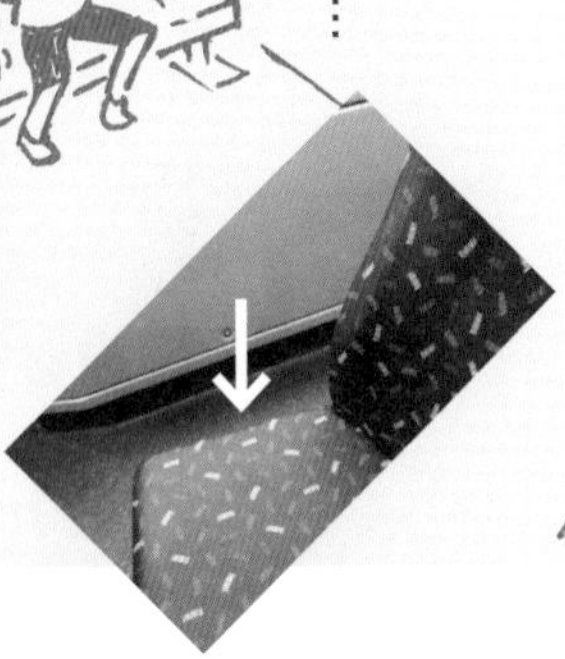

原因は、
シートが、
スルスルした
ビニール製で、
かつ、肘掛けが
付いてないから〜

BIGBUS HONG KONG

市内観光ツアーのバスは、
オープンカー。
雨が多いので、大変そう。

日本との違い

乗客に、年配の人が少ないね。日本だと、バスの中は、ほとんどお年寄りだったりするけど…

まぁ、ここが中心地っていうのもあるけど…
もしかして運転が荒いから乗れないとか??
これに比べたら日本って安全運転だね…

便利な表示

車内に「駅名と到着時間」がわかるモニター。

E23A
12:48
Next stop

土地勘がない者にとって、次のバス停だけでなく、今どの辺にいて、降りる駅まであと何駅か……がわかるのは、助かる。

残念なのは、これが2階席にはなかったこと。

4つめ、あと6分だね
2階にこそ欲しいよね

空港路線のバスには、2階に、「1階の荷物置き場」が映し出されるモニターがあった。

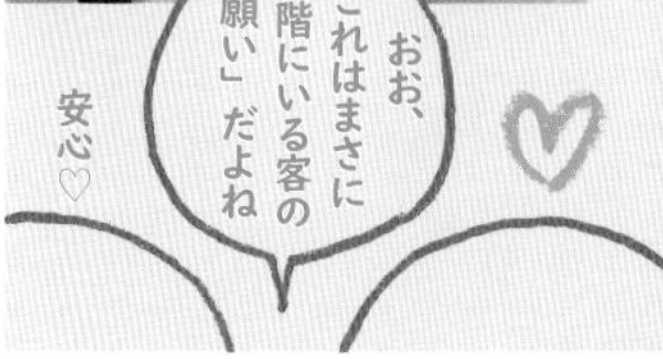
おお、これはまさに2階にいる客の「願い」だよね
安心♡

バスの盲点

ある夜、バスがなかなか来なかった。時刻表には「15～20分間隔」と書いてあるのに、30分待っても来ない。他のルートを探るべきか、来るのを待つか。あともうちょっと……もう1分だけ待ってみよう……の連続で、結局、バスが来たのは、50分後。

私たちの後ろに、
地元の学生っぽい
男女が並んでいた。
時々彼らと目が合い、
「バスが来ないね」という
かんじで、苦笑いしあう。

彼らは このバスじゃないと帰れない行き先だったようだけど、私たちの目的地は、（結果）8分くらいの距離だったので、さっさと見限って、他のルートを検討するべきだったのかも。

……でも、判断が難しい～

2人は「カップル未満」な
かんじだったので、
なんとなく、この時間を
楽しんでいたような……

カップル誕生か?
かもね

＊現地のバスアプリなら、詳しい運行状況がわかるのかも。

黄大仙《ウォンタイシン》でお参り

旅の安全を祈願しに、
2日め、早々に、
お寺へお参りに行きました。

台湾では、お寺の前には
屋台や食堂がずらっと並び、
賑わっている。人々は
参拝よりもこちらが目当て…

香港でも同じだと疑わず、
お腹をすかせて来てみたら、
1軒も見当たらない。
……いろいろなんだな……

門前は……

食事処は1軒もなく、
お守りやお線香を売る店が立ち並ぶ。

ここでお線香
買ってく？
いや、
お寺で無料で
もらえるって、
ガイドブックに
書いてあった

お線香とおじさん

門をくぐり、
人の流れに沿って
進んでいく。

入り口の狛犬ならぬ狛龍。
旧正月だからか、
赤いリボンでおめかし。

しばらく歩くと、
お線香をもらえるコーナーがあった。
情報どおり、
が……

只點清香9枝
多謝合作！
道法自然
普濟勸善

ちょうど、私たちの何人か前で、
終わってしまった。

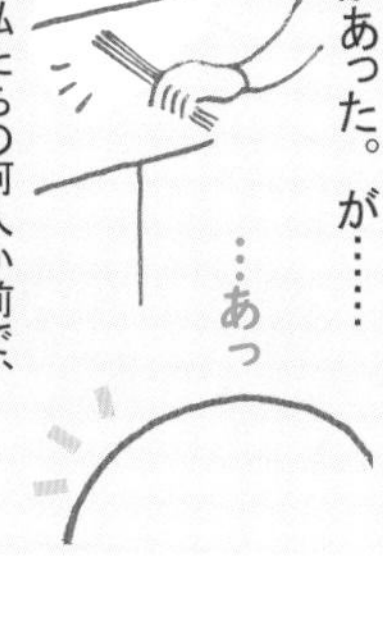
…あっ

私たちの後ろにいたおじさんは、
私たち以上に残念がっていた。

……。

残念〜、
補充されるかなぁ

ものすごいため息、
全身で落胆を
表している。

5分ほどその場で待ってみたが、
補充されそうもないので、
門前の店まで買いに戻ることに。

その時おじさんを見ると、
まだ、同じポーズで、かたまっていた。

5分以上
あのまんま！

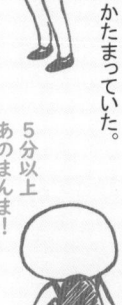

お参りしましょう

お線香を買って戻る。

はぁ、2往復疲れた～

あっ、さっきのおじさんだ

先程までの残念な表情は消え……

静かにお祈りされていました。

その手にお線香はなかったけど、諦めたのかな

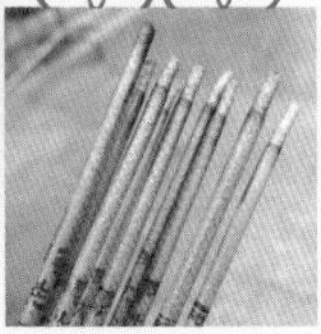

お線香を、顔より少し上にあげ、お参りします。

縁結びとおじさん

縁結びの神様「月下老人」。赤い糸を使った願掛けがあると聞き、見学したいが、道に迷ってしまい……お寺のスタッフらしきおじさんに尋ねる。すると、連れていってくれるという。

着くと、有無を言わさず赤い糸を渡され、願掛けの作法を伝授される。流れのまま、縁結びを願ってしまう私たち……

↓木も、結んだ糸で真っ赤。

こうやって こうやって こう

そしたら この像の 足元に 触れてから ここに 結んで……

あ、

縁、結ばれちゃう

参拝を終え、ベンチに座ってお参りに来る人々を眺めていると、連れてきてくれたおじさんが、まだそこにいた。

お供え物を整理しているのかと思ったら……

……食べてた。

ミカンを頬張り、チョコをバリボリ。

占ってもらう?

このお寺の敷地内に、占い師が集まる、商店街のような通りがある。

「日本語OK」とあっても、眉唾な店もあるらしい。決める前に、一言二言日本語で話してみるのが大事だそう。

えー、どーしよ どーしよ

占ってもらおうと意気込んで来たものの、

当たる当たらないより……未来を語られると、その言葉に縛られてしまいそうで、怖気づいてしまいました。

やめとこっか……

な。

ということで、未来はわかりませんが、ご縁は結べそうです。

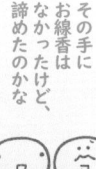

飲茶 3つのスタイル

外食＝飲茶というくらい、行けるだけ行きました。

本来飲茶とは、「点心をつまみながらお茶を楽しむ」つまり「お茶」がメイン。

……が、私たち観光客にとってはほぼ、「点心」を食べるのが目的なのでした。

店によって、注文方法などのスタイルが異なり、それが料理や味の違いよりも、大きい気がしました。

好きなスタイルはどれ？

今は少ない、昔ながらの

ワゴン式

まわってくるワゴンから点心を選び、伝票にハンコをもらう。雰囲気あるし便利だしアツアツだし最高……と思いきや、欲しいものがなかなか来なかったり、人気のエビ蒸し餃子などは争奪戦で全然ありつけなかったり……意外と自分のペースで食べられない。

ファミレスみたいな

オーダー式

机に置いてあるオーダーシートにチェックを入れて渡す。確実に欲しいものが食べられるけど、いっぺんに来ちゃうので料理が冷めちゃう。だからといって、居酒屋式に少しずつ何回も頼んだら、マナー違反だったのか、戸惑われたり、嫌な顔をされたり……

コレコレ、ヨロシク

自分のペースで

ビュッフェ式

店の一角に、常に蒸された状態の点心が置いてあり、それを自分で取りに行く。普通のビュッフェのように全種類置いてあるわけではなく、できては置いて…なので、見に行くたびに新しい料理があり、それも楽しい。自分のペースでアツアツが食べられるし、お店としても楽だし、一番合理的なスタイルかも。

＊マカオで出会ったスタイルなので、香港にあるかは不明です…

消えた作法

飲茶の作法は、バッチリ予習済み。

まず、お茶の種類を聞かれる。

来たら、大きな器に食器を入れ、それをお茶で「洗杯」する。

しかし……

お茶の好みを聞かれることなく、座るとすぐ、ジャスミン茶が出てきた。

そのせいなのか……予習した作法は、すっかり頭の中からなくなっていた。

選べることを忘れている。
この店はジャスミン茶なんだね～
ジョボジョボ
は？
このボウルなんだろ？
は？？
フィンガーボウルにしては、デカイか
あ、魚の骨入れるやつか？
ここまでわかって、どうして思い出さないのか
あ、一煎めのお茶をあける用じゃない？

まだ思い出さない。
あれ？下げられちゃった。なんで～

飲茶

本場ではじめての、ワゴン式

ロンドン《ダイチャウラウ》
〈倫敦大酒樓〉

4品　156元

1軒めから、昔ながらの「ワゴン式」の飲茶へ。ここは、観光客に有名でありながら、地元の人も多く通う店だそうで、味も雰囲気もよさそうだ。

……だけどいきなり勝手がわからず、立ち尽くす。


どこに座ればいいの？

勝手に座っていいの？

ほとんど席、空《あ》いてないけど？

いざ、飲茶

大ホールに、わんわんと響く人の声、食器の音、椅子を引く音……

見渡す限りの円卓は、日曜日の家族連れで満席。

どうしていいかわからずぼーっと立っていると、おじさん店員がさっと現れ、席に促される。

正面には、地元民らしき男性。

いきなり相席体験だ。

ガシャン
ガシャン

女性店員が、食器を放り投げるように置いていく。

「感じ悪い」を通り越して、「作業」を見ている気分。

ワゴンがキタ〜♥

座れた喜びに浸ってる暇はない。早速ワゴンがまわってきたので、料理を見せてもらう。

あっ、すみませーん

1つ選び、伝票にハンコをもらう。

1品めは、椎茸のダシが効いた料理。

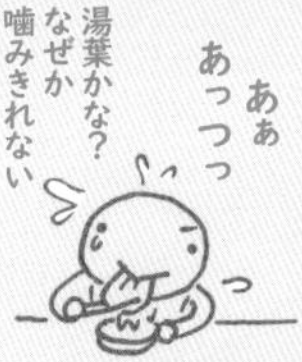
あぁ
あっつっ
湯葉かな？
なぜか
噛みきれない

すぐに別のワゴンがまわってきた。

ど、どれにしよ。
引き留めるの
悪いから
一番上ので
いっか
じゃ
コレ

薄めの腸粉。中にエビが入っている。

……と、駆けつけで、2皿完食。


しかしこれ以降、全くワゴンがまわってこない。閉店まで、あと1時間以上あるはずなのに……

積みあがっていく蒸籠《せいろ》をイメージしていたが、「2段」で終了か。


すると、奥の壁際に、長い列ができているのを発見。その先で料理を配っている？　システムがよくわからないが、伝票を持って並んでみる。

欲しいものを
この場で言えば
いいのかな
それとも、もしかして
みんな、あらかじめ
オーダーしたものを
取りに来てるのかな

……と、どきどきしつつ、なかなか動かない列に、長いこと並び続ける。

ようやく番が来そうだ。目当ての料理を指さす準備をしていると、店員のおばさん、絶叫。

もう
無！
!?
くる

その雄叫びを合図に、列の人は一斉に散っていった。

見ると確かに、ケースの中は、空っぽ。

えぇえ……
ガク

翻弄されっぱなしの初飲茶。
ワゴン式の難しさを知る。
でもこのわけわからなさも、
体験してこその味わいだ。

深水埗《サムソイポウ》、問屋街

一言で言うと問屋街？
店も、客も、
わさわさ わさわさ
大賑わい。
掘り出し物に
出会えそうな
わくわくがあり、
ちょっと怪しい
雰囲気もあり……
この町
なんだか、
面白い。

町の印象

こんな町。

見上げると…

まだ「味のある横看板」が残る町。
これと賑わいを見に行くだけでも楽しい。

さらに見上げると…

商店街の上は、オフィスではなく「住宅」。
洗濯物のしずくが落ちてきそうだ。

夜の雰囲気も
いいね。

町のシンボル

町の「標識」に感動した。
この柄、アレだよね。
レジャーシート生地の
大きいバッグ。
「問屋街の象徴」
に使うなんて、
センスいい！

このバッグ…
旅行中
荷物が
増えたら
買うよね～

ポールまで、
この柄。

QRコードも、このカラー。

そしてよく見ると、
いろんな「雑貨」で構成されている。

いろんなお店

まわれたのは、ほんの一部だけど。

手作り品の材料屋さん

浅草橋にあるような、手芸用品やアクセサリーパーツのお店も多い。

そもそもこの町に来たのは
これが目的だったのだが、さほど
目新しいものは見つけられず、
価格も日本と同じか、それ以上。

きっと、世界中で
ハンドメイドブームなのよ

バッタ屋さん？

在庫処分のような商品を売る店。多くの客で、ごった返していた。

電子特賣城

探せば面白いものもあるけど、
やはり物価が高い香港なので、
価格に見合うものは少ない。

ボディバッグ買っちゃった
明日から使お♡
29 元

個性的な露天商

暗くなると、怪しい灯りで存在を主張する、屋台群。売っているものも、相当変わっている……？

この中に掘り出し物があるというのか…

ガラクタ市？ だとしても、
品物も置き方もヒドイ。
私たちには、ほぼ
ゴミ屋敷に見える…

←道端で寝てるおばちゃん、
買い物に疲れちゃった？
それとも荷物番かな。

「リモコン」だけを売っている店。

「宇宙」も売ってる。

宇宙專門店

（実際は電子機器など）

買い食いもできる町

思いがけず、「買ってその場で食べられる」店がいくつかあったのが、うれしかった。

伝統のスイーツ

あずき入りのういろう的スイーツが名物。

店の向かいのブロックに腰かけていただく。

串のお店

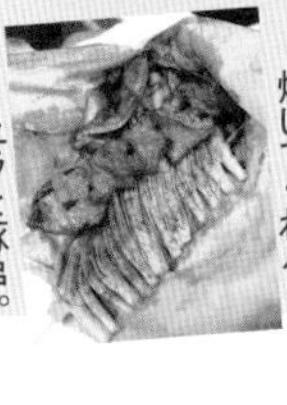

選んだものを焼いてくれる。

ニラと豚串。

ただ残念なのは椅子がないんだよね～

また来た時には
別の発見がありそうな町でした。

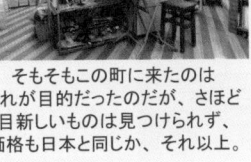

香港の印象

香港はじめての私たちの、
最初の印象、
素朴な感想、
小さな疑問。

気候のこと

私たちが訪れたのは、香港では、「つかのまの冬」と言われる時期。
もともと暑い香港だからか、冬といっても寒くなく、ちょうどよい気候だった。

ただ、雨はよく降った。
天気予報アプリを見ていたが、ほとんど当たらなくて参った。

中心地にも住宅ビル

繁華街に、
生活感溢れる
団地やマンションが
沢山建っている。
しかも
オフィスビルと
同じくらいの高さ。

都会の
ど真ん中に、
洗濯物が
はためいて
いたりして。

山の上にビル

高層ビルって、
低い土地に
建てる
イメージが
あるけど、
山の上に
こんなに……

なんだか
不思議な
光景に
思えた。

空の穴

見上げる空が狭い。
穴が開《あ》いてるみたいな。
でも、思ったより青かったよ。

香港と緑

町なかは、思ったより緑が多い。
大木が多いから、そう感じたのかな。

トラムと街路樹。

そして、少し郊外に行けば
山が多かったりと、
意外と自然豊かな
香港なのでした。

香港全土に
高層ビルがびっしり
建ってるのかと
思ってたよ

← アユタヤ？
ワイルドな根っこ。

静かで歩きやすいワケは…

なんか歩きやすいなぁ、と思った。
そして、アジア独特の喧騒がない。
ある時、その理由に気づいた。

そういえば、
バイクがいない！

ほぼゼロ。
バイクが少ないのは、
知る限り、アジアでは日本だけ。
なぜ香港もなんだろう？

地下鉄で観察

地下鉄の中も、静かだった。
空気感が、日本とよく似ている。

ホームでもきちんと
並んでいるし、
車内でも、
通話してる人や
大声で話す人は
ほとんどいない。
居眠りしてる人
までいる。

優先席は、
いつも
空けてある。

日本の優先席は
こんなに
空《あ》いてないよね

おばあちゃんはどこ？

長寿世界一にもなった香港。
でも、
一体どこにいるの？
あまり
見かけなかった。

高層ビルだから
下りるのが
億劫になってるとか？

もっと
郊外なら
いるのかな

SNSの使い方

みんなスマホで話している。
でも、「会話」はしてないみたい。
どういうこと？

○※△！
☆■♡
▲○※
□◆◎！
トーストを
かじるみたいな
持ち方。

――どうやら、文字を打つのではなく、
音声を録音して、やり取りをしているようだ。

なるほど、
これなら
文字を打つより速いし、
電話のように、
相手を拘束しないし

P70に続きます～

カイランに夢中

さあ、作りましょ

この旅で知り、
今もハマっている野菜、
カイラン。
食堂に入れば、まず探すのは
「芥藍」の文字。
八百屋さんで見つければ、
観光中でも迷わず買い、
夜、宿のキッチンで調理。
お店の味を再現しようと、
茹でたり揚げたり炒めたり……
2日に一度は、おいしい
食べ方を研究していました。

＊ガイラン・芥蘭・チャイニーズケール・チャイニーズブロッコリーとも。

カイランとの出会い

居酒屋食堂で、
青菜炒めのつもりで注文した、
一皿がきっかけ。

なんだこの歯応え！最高～
ナニコレナニコレひとくち惚れしちゃったよ
ポリッ
コリッ
←噛みしめている。
ソーセージは脂っぽくてしょっぱかった。

油通しされた乱切りのカイランと、ソーセージの炒め物。

ブロッコリーの芯や、
アスパラに似ているけど、
全く繊維っぽくなく、
嫌な青臭さもなく、
歯応えが「カコーン！」ってかんじ。
甘みがあり、葉の部分には、
ほのかな苦みも。

カイランの、味と食感に、心奪われた～

カイラン と サイシン《菜心》

以前、台湾で出会った、「サイシン」という野菜があった。
見ためがそっくりなので、それのことなのかなと調べてみると
……どうやら、別物らしい。

八百屋やスーパーでは、どちらかだけを売っていることが多かったので、
しばらく同じものだと思っていた……。並べて売られているのを見ても、
違いがよくわからない。価格は、カイランのほうが少し高い。

↑サイシン↓　↑カイラン↓

うーん わかるような わかんない ような
どっちも アブラナ科だって
茎のかんじが 違うかな？
カイランのほうが ちょっと緑が濃いか？

似てるんだけど……味や食感は、圧倒的にカイランのほうが魅力的。

サイシンは、
ちょっと青臭い。
台湾でも最初
キャベツの芯かと
納得しちゃったくらい。
ちょっと
繊維っぽくて
水っぽい。
想像できる範囲の
青物の味かな。

咀嚼音は、シャコン、シャキ、シャキ、ギュッ ギュッ

チンゲン菜っぽいかな

カイランは、
一見青臭くて
繊維が多そうに
見えるけど、
全然違う！
カコン、ポリッと
噛みきれる。
この食感は
自分の中で
アスパラを超えた！

咀嚼音は、カコーン、パキーン、コリッ、ポリ ポリッ！

繊維のキレがいい！

食堂でおぼえた味

食堂では、あれば必ずカイラン炒めを注文してました。

これはサイシン。

アスパラ好きのおかあさんに食べさせたい

茎よりも葉っぱ部分がおいしかったという、一皿。

タイ料理店では、こってりとしたチリソースがかかってた。

これ見てひらめいた。酢味噌和えなんかもおいしそうじゃない？

茎部分を薄く削ぎ切りしてあり、魚のソースがよく絡んでた。

魚と炒めたもの。油通し具合が絶妙。

部屋で再現

夜は宿にて、カイラン料理研究会。食堂で食べた味を再現したり、思いつきで、他の食材と合わせてみたり。

これはサイシン。やっぱり、ちょっと違う。

茹でてもいいけど、今日は素揚げしてみよう
花も葉も丸ごといっちゃおう
あち
あぁっち！
パコンッ
プチンッ

別の日には、乱切りにして、大きめに切った豚バラと。

一度やってみたかった、野菜の油通し。

調味料は塩とニンニクのみ。

ポークジャーキーをちらしてみました。

お店よりおいしいかも！
色鮮やかに仕上がった。山盛！

日本でも

帰国後も忘れられず、あちこちで探してみました。

スーパーで 近所で何軒か探してみたが、どこにも置いていない。

サイシンは売ってたけど

ネットで探す 「芥藍菜」の名で、高知県産のものを発見。福岡県でも栽培されているとか。国内でも作ってる農家さんがいらっしゃるんだね！

スティックセニョール 偶然、知人が家庭菜園で作ったという、これをいただいて食べたら……味も形もそっくり！ 調べたら、なんとこの野菜、カイランとブロッコリーを掛け合わせたものだとか。

もちろん、素揚げ♡

居酒屋で 近所の店で、スティックセニョールを使ったメニューを発見！

種ゲット ネットで売っていたので即購入。

ただいま栽培中。

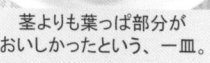

団地と高層マンション

香港で何日か過ごすと……
4～5階建てのビルが
珍しく見えてくる。
平屋なんて見つけたら、
指さしちゃう。

大通りは、両脇を
マンションという大きな壁に
挟まれ、谷底にいるかのよう。

空は、ビルが形作る
カクカクとした
「稜線」で切り取られている。

独特な建ち方

日本のタワーマンションは、1本1本独立して建っているイメージがあるが、
香港のマンションは、もう完全に「壁」である。

郊外の新築マンション

まさに「壁」なマンション。
遠目だと機械の部品のようにも。

こんなに「平たい」と、まるで、
住宅街をそのまま縦に起こした
みたいな気がしてくる。

こんなにくっついちゃって、
日当たりとか、
プライバシーとか
大丈夫なのかな？

こんなふうに。

道の形に沿って、カーブした建物。
これもまた、まさに壁だ。

町なかの古いマンション

繁華街の ど真ん中に、
こんな住宅が。

昔、「雨後の竹の子」とか
「とうもろこし」と
形容されていた頃は、
すき間があったのかな…

住民の雰囲気

マンションの「下」を歩いてみた。そこは、日常を過ごす住民の、憩いの場でした。

地上階は吹き抜けになっていて、おしゃべりする人、ベンチでくつろぐ人、ゲームに興じる人、走りまわって遊ぶ子どもたち……

「団地の敷地内」という、町なかでも商店街でも公園でもなく、半分公共で半分プライベートな空間。

団地育ちからすると、この空気感懐かしい〜

我ら団地ーズ。

見上げると、空が正方形に切り取られていた。

配管が外にある建物が多かった。

部屋が狭いから？ 修理しやすいから？ 後付けされたもの？

ゲーム盤が彫ってあるテーブル。

卓球台もある。

→どちらも、重厚なつくり。→

まあ、そうなるよね（笑）

別の団地で見かけた、衣料品の移動販売。

こういうのもあったような…

「赤いレジ袋」を干している家が多かった。

香港ではレジ袋は有料化されてるからね

虹色の団地

ガイドブックのトップに載ってるくらい人気のスポット。でも、なんてことないただの団地です……（人、住んでます）

鮮やか度、ちょっと増し気味に加工しましたが、やっぱり、ただのカラフルな団地です。

団地ーズとしては、そんなにわざわざ来る場所とは思えない

なんでこんなに観光客が…

団地の手前にある広場は、写真を撮る人たちに占拠されていた。

ここ、住んでいる子どもたちの貴重な遊び場だと思うんだけど、コートの中に座り込んだり。

端っこで遊ぶ地元学生。↓

団地の博物館、美荷樓《メイホーラウ》生活館

私たち的には、虹色団地よりおすすめのスポット、団地の博物館。1950年代に建てられた団地をリノベ*した建物で、宿泊施設やカフェも併設。1950~70年代の、団地での生活ぶりや歴史的背景を、考現学的&臨場感たっぷりに紹介している。

虹色団地は、人が住んでるところだから、迷惑になってしまうし

*リノベ=リノベーション

説明文が中国語と英語のみなのが、ちとツライ。半分想像も加えつつ判読

美荷樓記
すごい

入り口の扉を開け、まず驚かされるこの写真。入った時に立体的に見えるよう計算されている。1950 年代に入り込んだような気分を味わえる。

博物館は、この団地を改装して作られた。（これは模型）

写真は、違う角度から見ると、こんなふうに歪んでいる。
えぇ~

蛇腹になった壁。右と左で、同じ団地の違う年代の写真が張られている。

柱を利用して、大通りの雰囲気を再現。

写真に遠近感をつけてあるから
より遠くに見える~
おぉ~

子どもたちが遊ぶ様子。こういう写真があちこちに大きく飾られ、タイムトリップ感がヤバイ。

きゅ~ん

土管の中で寝っ転がって映像を見られる。

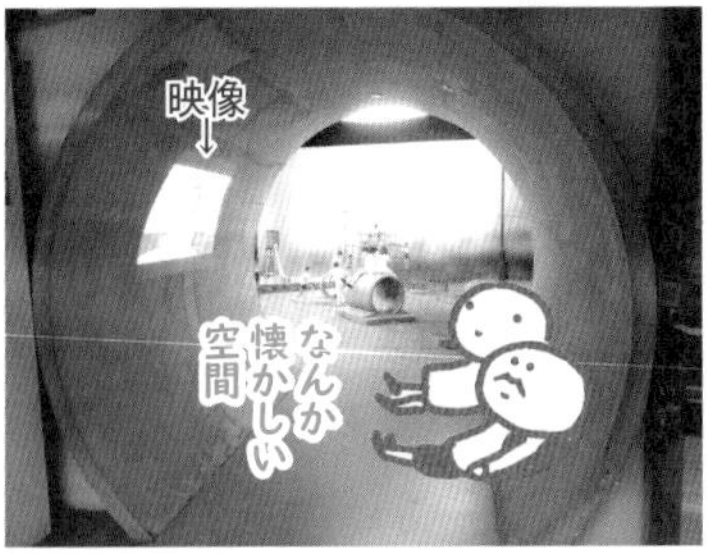
映像
なんか懐かしい空間

住民の家族構成、職業、収入、娯楽…などが、細かく記録されている。

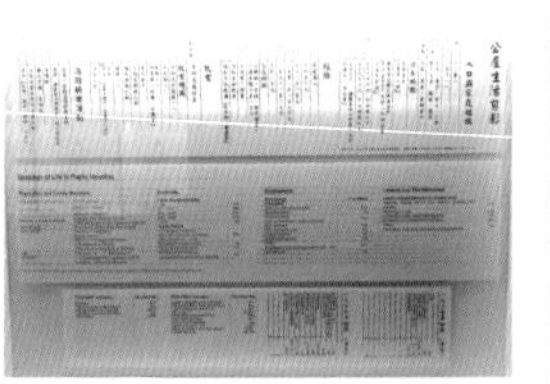

こんなささいなものも、資料として大切に扱っているのがスバラシイ。

懐かしいゲーム。

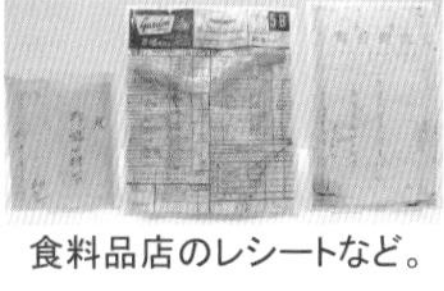

食料品店のレシートなど。

バスの切符。

団地のチラシ。

まだまだいい点があったけど、伝えきれない~

2階は、当時の生活ぶりが「再現」されたコーナー。感心したのは、時代とともに変わっていく住まい方を展示していること。そしてなんといっても、この建物は元団地そのものなので、間取りをそのまま利用している。その臨場感がハンパない。

真ん中のカーテンは、部屋の仕切りではなく、「家」を分ける仕切り！この空間に2家族が住んでいたのか…

上も有効利用。

1家族1部屋時代。ちょっと広くなった。

それでもまだ、トイレとキッチンは共同だったようだ。

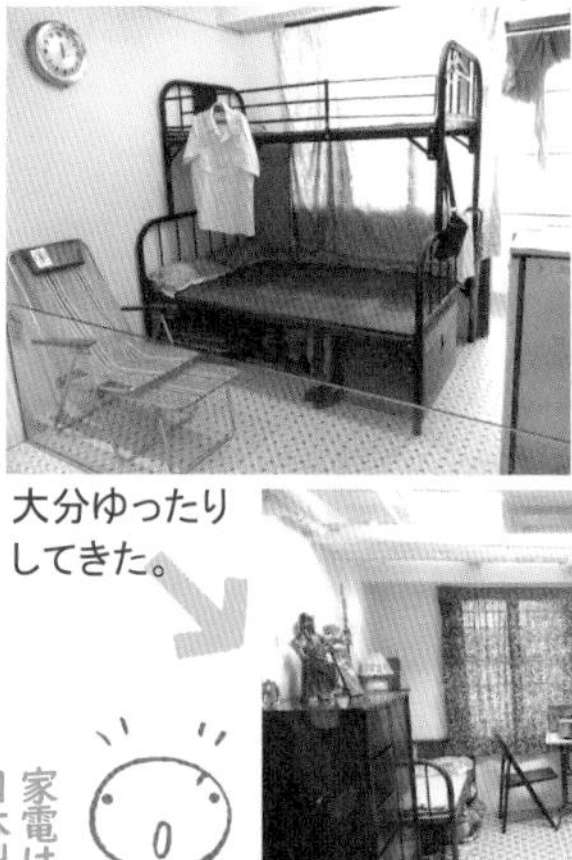

その後、戸別のトイレやキッチンが付いたり、何軒分か繋げて広い家に改装したり……どんどん暮らしやすくなっていく。

大分ゆったりしてきた。

家電は日本製だ～

こうなると、レトロモダンだね。住みたくなるレベル

写真

キッチンがなかった時代は廊下で煮炊きしていた。等身大の写真とともに再現されていて、わかりやすく、そして臨場感がある。

写真

こちらは共同の水場。ここにも、壁一面に当時の写真が張ってあり、今も使われているような錯覚に。

ベランダをキッチンに改造したのかな。図らずも、かわいい空間になってる。

でもやっぱり洗濯物もここに干すんだね…

団地の市場

虹色団地近くの市場に行ってみた。団地だからか郊外だからなのか、他の市場よりもお客が地元民で……いい雰囲気だった。

団地のショッピングセンターっぽい

賑わっていた、場外市場。

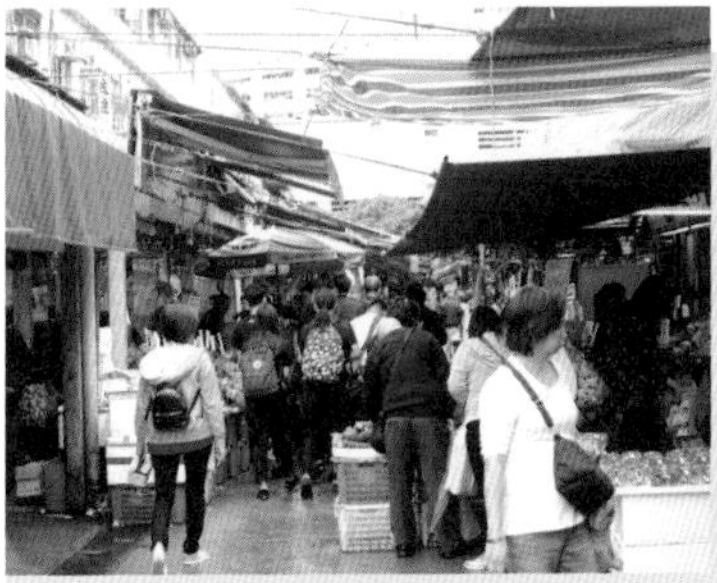

豆花、5元。すくって、甘いタレとオレンジ色の粉（砂糖？）をかける。

そこ座りなさい

椅子を貸してくださって、店先が即席の甘味屋さんに。

ハーイ、コンニチハ
この百合根と長芋は、日本から輸入したものだよ

声をかけてくれた、野菜市場のおにいさん。

日本
淮山
日本
鮮百合

なんだかうれしいね
あれ？でもなんで私たちが日本人ってわかったんだろ
？

びっくり食材

豚のミミミミミミ。

生きたままのカエル。

釣り針が付いたまま売られる魚。

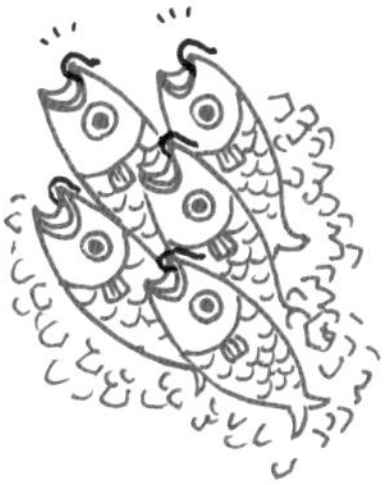

空芯菜は好きだけど、この角度はムリ～

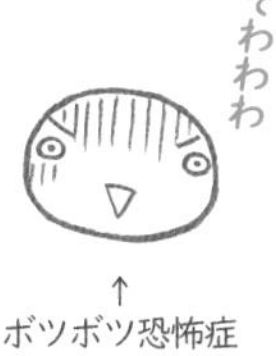
ざわわわ
ボツボツ恐怖症

ココナッツは、むくとこんなにかわいい形。

30元份

乾物屋のおばちゃん、お昼寝中。

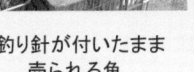

飲茶

一気に注文、オーダー式？

〈添好運《ティムホウワン》〉

5品　113元

ミシュラン一つ星に輝き、日本にも支店を持つ飲茶店。夜遅くまで飲茶が楽しめることもあり、観光客に人気が高い。

今日の晩ごはんは、ここで飲茶しよう。

ワゴン式じゃないから、エビ蒸し餃子がまわってこなくても、注文すれば食べられるんだ！

あ、もう来たよ！
え、また来た
えっ、また
もう テーブルに 乗らないよ～

注文しよう

オーダーシートの食べたい料理にチェックを入れ、一度に注文する。

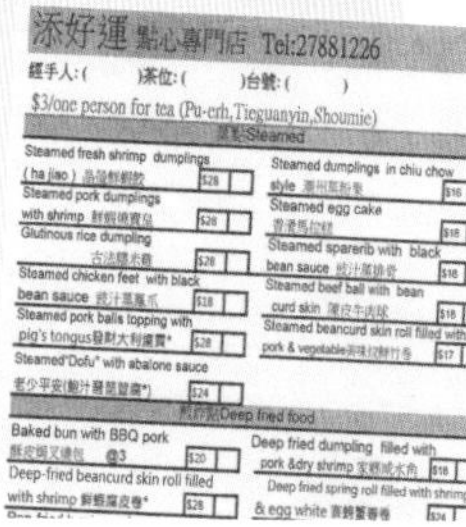

添好運 點心專門店 Tel:27881226
經手人:(　　)茶位:(　　)台號:(　　)
$3/one person for tea (Pu-erh,Tieguanyin,Shoumie)

蒸點Steamed

Steamed fresh shrimp dumplings (ha jiao) 晶瑩鮮蝦餃	$28	Steamed dumplings in chiu chow style 潮州蒸粉粿	$16
Steamed pork dumplings with shrimp 鮮蝦燒賣皇	$28	Steamed egg cake 香滑馬拉糕	$16
Glutinous rice dumpling 古法糯米雞	$28	Steamed sparerib with black bean sauce 豉汁蒸排骨	$16
Steamed chicken feet with black bean sauce 豉汁蒸鳳爪	$18	Steamed beef ball with bean curd skin 陳皮牛肉球	$18
Steamed pork balls topping with pig's tongus發財大利齊賞*	$28	Steamed beancurd skin roll filled with pork & vegetable鮮味紅鮮竹卷	$17
Steamed"Dofu" with abalone sauce 老少平安(鮑汁豬腸豐齋*)	$24		

煎炸點Deep fried food

Baked bun with BBQ pork 酥皮焗叉燒包 @3	$20	Deep fried dumpling filled with pork &dry shrimp 家鄉咸水角	$16
Deep-fried beancurd skin roll filled with shrimp 鮮蝦腐皮卷*	$28	Deep fried spring roll filled with shrimp & egg white 富錦蟹春卷	$24

日本語版もあったが、この、英語と中国語を併記したメニューのほうが、なぜかわかりやすい。

ワゴンがまわってくるのを待つ必要もないし

落ち着いて計画的に選べていいね

いろんな面で、外国人観光客が利用しやすい工夫がしてある。

あれっ ティッシュなんて ステキなものが あるぅ～
お茶も 安いし
←1人3元

オーダーしてまもなく、料理が運ばれてきた。

ドッと出てくる点心

まとめて注文するからか、すべての料理が、ほぼ同時に運ばれてきた。

とにかく 食べよー 食べよー！
冷めても 大丈夫そう なのは あとにして
まずは、 エビ蒸し 餃子か？
アツアツを 堪能する 余裕がない～
あっ 写真撮るの 忘れたっ！

湯気をあげていた蒸し物があっというまに冷め、ガピガピに乾いていく……

〈ちまき〉

鶏肉がゴロゴロ入ってる。

〈エビ蒸し餃子〉

皮と中身の割合がちょうどよい。エビのつなぎもエビなので濃厚！

大根餅ならぬ〈カブ餅〉。もちもちじゃなくて、ふるるるって消えちゃう食感。

〈季節の野菜〉

期待したら、……レタスだった。

〈チャーシュー入り甘いパン〉

サクサクパンと豚肉が合う～

時間がない人や確実に食べたい人には有難いシステムだけど、アツアツを楽しみたい人にとっては……焦るばかりで、堪能しにくい～

さらに閉店40分前から、お掃除が始まってしまい……

最後まで焦ってしまう、晩ごはんでした。

メイドイン香港を探せ

昔、「大中」などの中国雑貨屋で売られていた、キッチュでかわいい雑貨たち。

今思えばそれらは、MADE IN HONG KONGだったのだ。

日本では姿を消しつつある「メイドイン香港」は、今まだ、かの地にあるのだろうか……

勝手に郷愁

そんな思い出もあり、見れば きゅんとしてしまう、香港製の雑貨。勝手に抱くイメージは……

1950～70年代テイスト、安い質感のプラスチックや金属、独特の花柄、鮮やかな色合い……

典型的なのは、こういうの→

家にある、メイドイン香港のプラスチックケース。（以前、大中系の雑貨屋で購入）

こんなところで見つけた

香港歴史博物館に展示されていた、その時代の雑貨。ちゃんと「文化」として扱われているんだなと感じる。

1960年代の子ども用サンダル。

歴代の、水筒やポット。目のツケドコロがステキ。

昔の文房具店のショーケース。本物の商品を入れて展示されていた。

あぁ、この時代の香港に来てみたかった

文化屋雑貨店へ

「大中」と並んで懐かしい店、「文化屋雑貨店」。日本にはもう、店舗はなくなってしまったが、香港にあると聞き、訪れた。

文化屋雑貨
香港 東京
手作 宇宙 陶器
夢想

この階段から上がって2階にある。

こだわりの品揃え、ビンテージモノが多い印象。とてもおしゃれで、お値段も……

自分の記憶では、もすこしチープで、宝探しみたいで…お金のない中高生でもなにかひとつ買って帰れるような、そんなお店だった気が……

キッチュでかわいい人形を見つけた。
全身をぐにゃぐにゃ動かして踊る。
（でもこれもお高い）

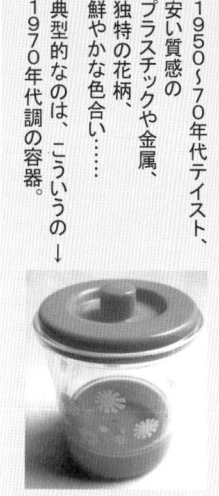

道具街へ行ってみよう

レトロなキッチン用品を探しに、油麻地《ヤウマテイ》駅近くの上海街へ。ここは、東京で言えば、かっぱ橋道具街のようなところ。

目標は、チープなプラスチックの、容器やお皿！

「永安號」というお店で探してみる。

このお店は繁盛しているらしく、素材やジャンルごとに、何店舗もあった。

永安號
WING ON HO

WING ON HO

それぞれにロゴがある。

とても小さな蒸籠を見つけた。お椀や箸と比べてみると、小ささがよくわかる。

ちっちゃい～

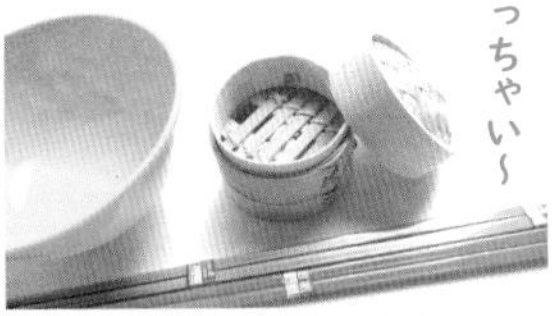

小物入れにいいかも。

お願いしてないのに16 → 10 元にまけてくれた。

えー、ありがと

でも、あとは、普通の現代的なものばかり。陶器などは、日本の居酒屋っぽいものが多かったりと、あまり収穫なし。

あ、通りの向こうにもお店があるよ。行ってみよう

ここでも、イメージするものは見つからない。でも……

これ、お菓子の型かな？

「福」って香港らしいね

中華風モチーフの金型。

龍
鳳凰
桃

鯉

……と、キッチン用品には、その土地の「食文化」が映し出されるので、見ているだけでも面白い。

さらに店の奥へ突き進む、プラスチック捜索隊。陶器の小皿が並ぶ棚を根気よく見ていくと……

あっ！これ、いいんじゃない？

プラスチックのカップ皿。

求めている質感、かつはじめて見たデザイン。

どちらも1個4元。

そしてさらに……

あ、これもいい！大きいカゴの縮小版みたいで、面白い！

「バリ」もなく、きれいな仕上がり。

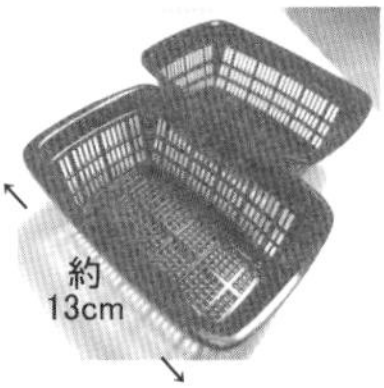
約13cm

あ、これは……！

こうして3品に出会えたが、正直、もっと沢山出会えるかなと思っていた。今日は、このくらいにして、晩ごはんを食べよう、と近くの食堂へ。すると、そこで使われていた食器が…

ん？

あ、メイドイン香港だ～！

あれ？この黄色いお椀、かわいくない？

形もいいし、質感もいい。色も豊富だ。しかもお揃いで、レンゲや箸まである。

私たちのイメージカラーもあるよ～

この食器、お店に売ってるのかなぁ

明日からはこのシリーズを探そう。楽しい目標ができた。

P84に続く。

「食」に関するあれこれ

湯気〜

香港と食。

はじめて訪れた私たちが、
勝手に、

「香港っぽいなあ」
「面白いなあ」

と思った、

モノ、
コト、
アジ。

個人的な感想なので、ズレてるかもしれません

「蒸す」ってスバラシイ

飲茶のワゴンを見て思った。
「蒸す」ってすごいな、と。

調理法としてだけでなく、
「できたてに近い状態を保つ」
ということにおいて。

蒸し続ければ、長時間、
できたてのおいしさ。

ビュッフェによくある
下から温める方式だと、
干からびたり焦げたり。
レンジでの温めや
煮込むのとも違う。

「蒸す」という、知恵と技術。

ビュッフェの保温器は……ひたすら熱で温め続ける。

水分は、どんどん飛んでっちゃう？

一方、
点心を運ぶワゴンは……70~80℃の蒸気で蒸し続ける。

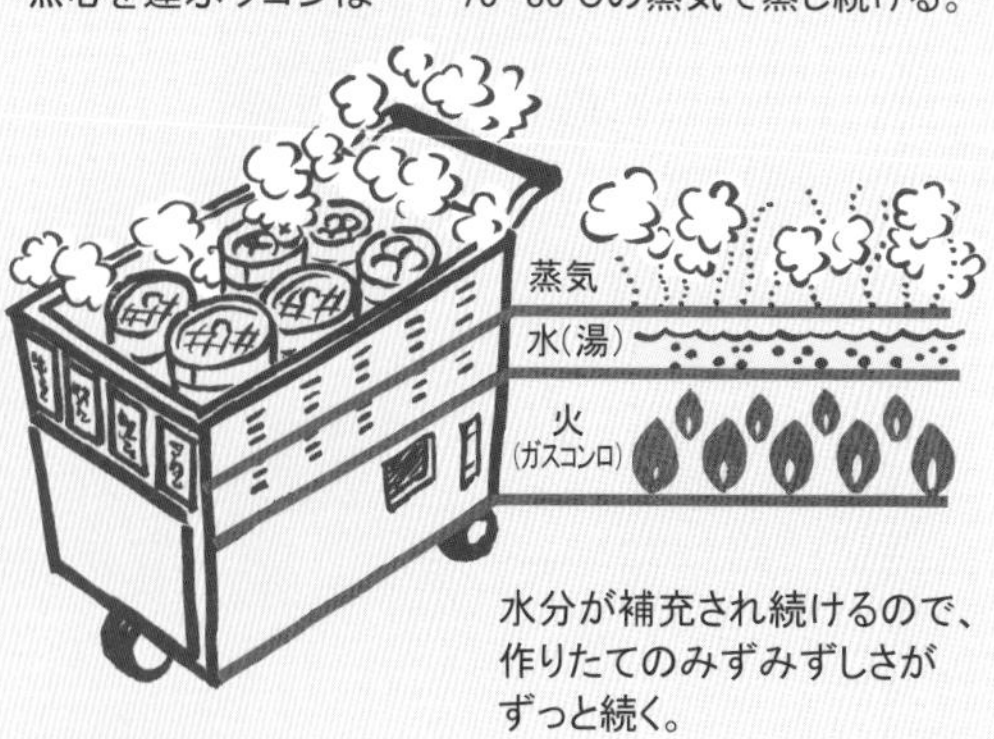
蒸気
水(湯)
火
(ガスコンロ)

水分が補充され続けるので、
作りたてのみずみずしさが
ずっと続く。

「蒸す」は、もちろん調理法としてもスゴイ。
素材の甘みや旨味が引き出され、
仕上がりも、ふっくら、しっとり。

タジン鍋や無水鍋料理も
日本でおなじみの蒸し物

温野菜、蒸かし芋、茶碗蒸し、
お饅頭、焼売、おこわ、蒸しパン……

ある日、お客がいない、暇そうな店に入った。
店主は客席に座って新聞を読んでいたから、
点心が出てくるのは遅いんだろうな、と
思ったら………… すぐ出てきた！

はいよー
早っ
これはつまりずっと蒸し続けてたってことなのでは!?

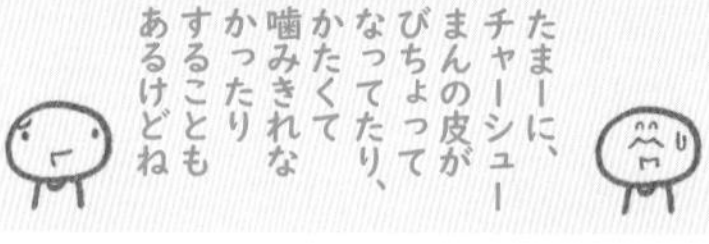
たまーに、チャーシューまんの皮がぴちょってなってたり、かたくて噛みきれなかったりすることもあるけどね

出前一丁がスゴイ

インスタントラーメンの1つの種類に過ぎないはずの「出前一丁」が、ここ香港では……

食堂メニューで

袋麺が食堂のメニューになっているだけでも驚くが、麺類の、1ジャンルになっている。
なぜか、「麺類」に並んでの、「出前一丁類」。「インスタント麺類」ではなく、「出前一丁類」。
それも、他の麺（たぶん生麺）より高いのである。

他の麺は ひとまとめなのに、
出前一丁は、独立した1ジャンル⁉

麵類				出前一丁類			
菜麵	$15	蕾蔥撈麵	$25	火腿蛋麵	$24	油菜	$12
雲吞麵	$24	蠔油撈麵	$23	腸仔蛋麵	$24	淨豬手	$60
墨丸麵	$24	豬潤麵	$25	餐肉蛋麵	$24	淨牛筋腩	$70
牛丸麵	$24	豬雜麵	$26	芝士腸蛋麵	$24	淨雲吞	$25
魚蛋麵	$24	牛腩麵	$26	榨菜肉絲麵	$24	淨水餃	$26
肉片麵	$24	豬手麵	$26	回鍋肉麵	$26	淨雙丸	$25
鯪魚球麵	$24	榨醬麵	$28	五香肉丁麵	$26	白灼豬什	$50
菜肉餃麵	$24	紫菜三寶麵	$30	豬扒麵	$26	白灼牛肉	$50
鯇魚片麵	$24	魚腩湯米或麵	$30	鮮牛麵	$26		
魚皮餃麵	$24	雲吞撈麵	$32	雲吞牛腩麵	$36		
水餃麵	$26	水餃撈麵	$35	雲吞豬手麵	$36		
雙丸麵	$26	牛腩撈麵	$35				
		豬手撈麵					

轉出前一丁加$2

出前一丁定食。

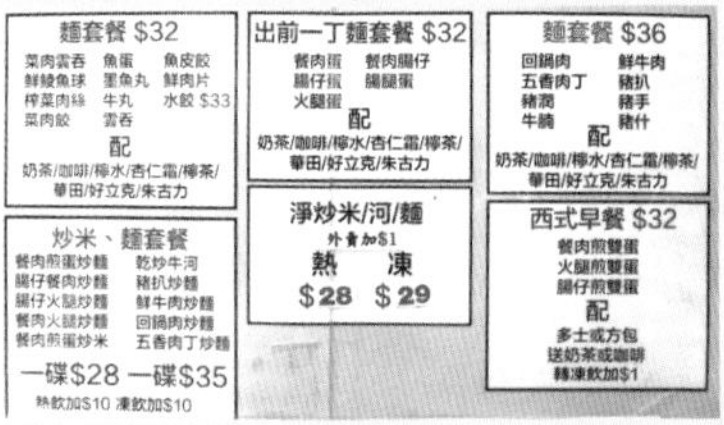

麵套餐 $32
菜肉雲吞 魚蛋 魚皮餃
鮮鯪魚球 墨魚丸 鮮肉片
榨菜肉絲 牛丸 水餃 $33
菜肉餃 雲吞
配
奶茶/咖啡/檸水/杏仁霜/檸茶/
華田/好立克/朱古力

出前一丁麵套餐 $32
餐肉蛋 餐肉腸仔
腸仔蛋 腸腿蛋
火腿蛋
配
奶茶/咖啡/檸水/杏仁霜/檸茶/
華田/好立克/朱古力

麵套餐 $36
回鍋肉 鮮牛肉
五香肉丁 豬扒
豬潤 豬手
牛腩 豬什
配
奶茶/咖啡/檸水/杏仁霜/檸茶/
華田/好立克/朱古力

炒米、麵套餐
餐肉煎蛋炒麵 乾炒牛河
腸仔餐肉炒麵 豬扒炒麵
腸仔火腿炒麵 鮮牛肉炒麵
餐肉火腿炒麵 回鍋肉炒麵
餐肉煎蛋炒米 五香肉丁炒麵
一碟$28 一碟$35
熱飲加$10 凍飲加$10

淨炒米/河/麵
外賣加$1
熱 凍
$28 $29

西式早餐 $32
餐肉煎雙蛋
火腿煎雙蛋
腸仔煎雙蛋
配
多士或方包
送奶茶或咖啡
轉凍飲加$1

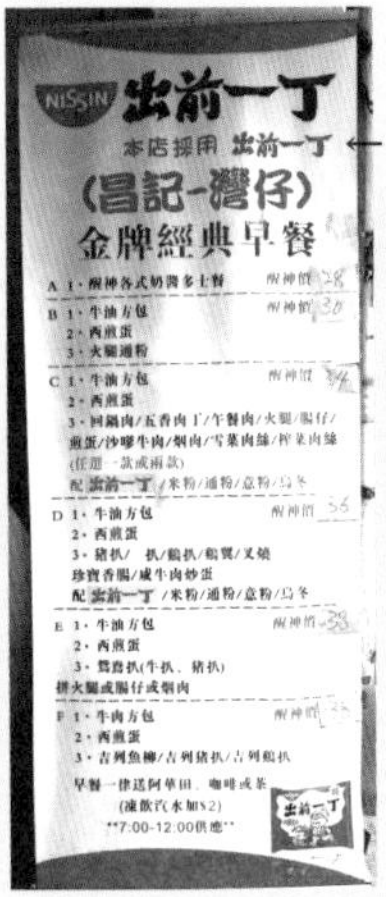

本店採用「出前一丁」とある。

自慢にするほどブランドなんだね

あ～らよ

スーパーで

スーパーでも、「出前一丁」が相当なスペースを占めている。
袋麺もカップ麺も、カラフルに並んでいる。

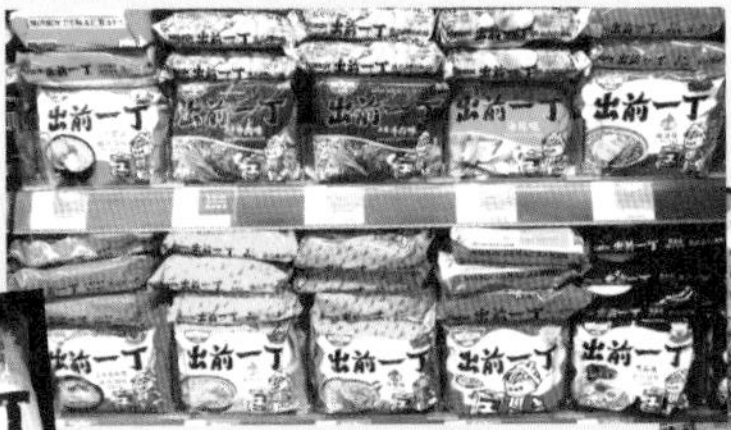

←袋麺。

カップ麺。
↓

麺だけでなく、お菓子も。
↓

ポテトチップス。

こんなに種類、あったっけ？

専門店？

公式ではないらしいが、「出前一丁」一色のお店も。

店名に「出前一丁」の文字は、使われていない。

店長のコレクションか、グッズが沢山飾られていた。

ベースは、たぶんカップ麺。そこにココナッツミルクを入れて濃厚に？トッピングのお肉は、本格的なもの。

思ったよりおいしかった♡

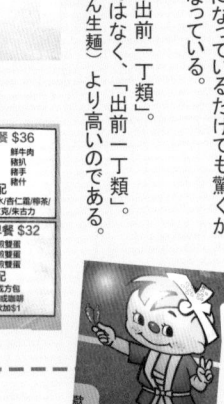

メニューが、物価が、のお話

あくまで個人的な意見ですが……
ガイドブックで絶賛されてるお店では、なかなかの確率で……

なんで？
なんで？

となります……

たとえば……
どの本でも絶賛されてる有名スイーツ店。

ココナッツ系のスイーツは、「燕の巣」とうたいつつ、具が ほぼない 68 元。

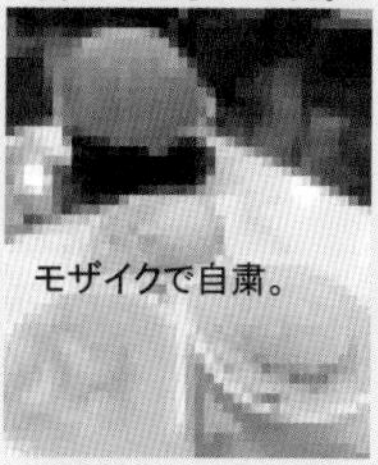

モザイクで自粛。

小さな器（タレ用？）に、細かいマンゴー（冷凍？）ほんのちょっとで 49 元。

ある人気店の店頭に張られていたメニュー写真。

インスタント麺、トーストやロールパン、卵焼きに目玉焼き。

野菜が全くないよね
これ、お店で出すメニューなんだ…
トーストはイギリスの影響？
どんな料理でも、その土地らしさがあればステキなんだけど……

そして、お高い……

これがこの値段!?と思っちゃうのでした。すみません……

この「素朴さ」で、各 25 元。

インスタント麺。

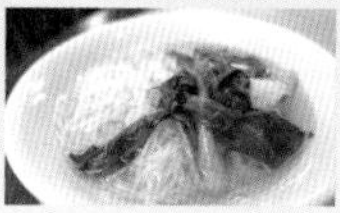

米麺。（限りなく素麺）

散歩中に見つけたハンバーガー屋さんのメニュー。
ファストフードっぽい雰囲気で、価格はレストラン以上？

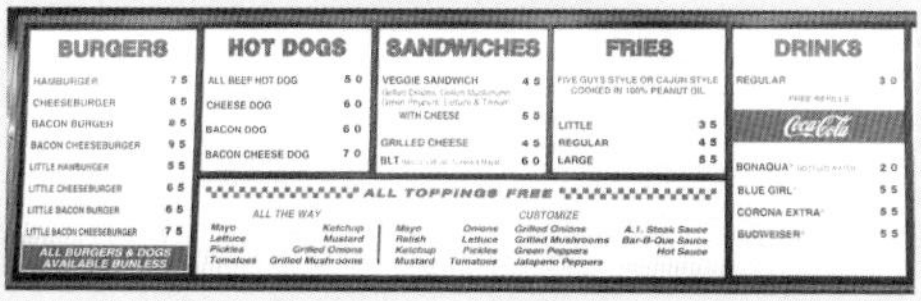

BURGERS
HAMBURGER 75
CHEESEBURGER 85
BACON BURGER 85
BACON CHEESEBURGER 95
LITTLE HAMBURGER 55
LITTLE CHEESEBURGER 65
LITTLE BACON BURGER 65
LITTLE BACON CHEESEBURGER 75
ALL BURGERS & DOGS AVAILABLE BUNLESS
HOT DOGS
ALL BEEF HOT DOG 50
CHEESE DOG 60
BACON DOG 60
BACON CHEESE DOG 70
SANDWICHES
VEGGIE SANDWICH 45
WITH CHEESE 55
GRILLED CHEESE 45
BLT 60
FRIES
FIVE GUYS STYLE OR CAJUN STYLE COOKED IN 100% PEANUT OIL
LITTLE 35
REGULAR 45
LARGE 55
DRINKS
REGULAR 30
Coca-Cola
BONAQUA 20
BLUE GIRL 55
CORONA EXTRA 55
BUDWEISER 55
ALL TOPPINGS FREE
ALL THE WAY
Mayo Ketchup
Lettuce Mustard
Pickles Grilled Onions
Tomatoes Grilled Mushrooms
CUSTOMIZE
Mayo Onions Grilled Onions A.1. Steak Sauce
Relish Lettuce Grilled Mushrooms Bar-B-Que Sauce
Ketchup Pickles Green Peppers Hot Sauce
Mustard Tomatoes Jalapeno Peppers

チーズバーガー 85 元、ポテト（M）45 元など。

庶民的な食堂も、
価格は なかなか。

淨食類 SNACKS
炸品類 DEEP-FRIED

78 元　78 元　44 元　44 元　44 元　78 元

かといって
他のアジアの
国々のように
安い「屋台」はなく、
コンビニで買って
外で食べようにも、
ベンチが少ない……

P52 に詳しく。

なので、
簡単に安く
すませたい時も
どこかお店に
入らなければ
ならず……
なかなか
悩ましかったです。

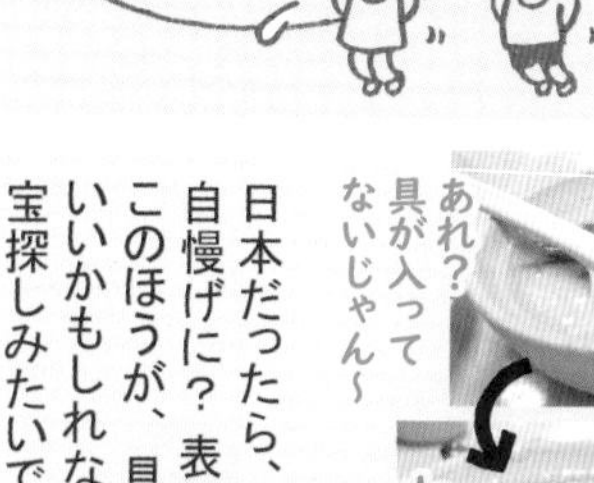

なので、もっぱら楽しくてコスパのよい「飲茶」店ばかり利用していたというわけです

奥ゆかしいお粥

比較的安くて香港らしい存在、*
「お粥屋さん」も、飲茶店に
次いで、よく行きました。

典型的な一杯。

面白いなあと思うのは、
具が「隠れている」こと。

あれ？具が入ってないじゃん～
わ、いっぱい入ってた～

日本だったら、
自慢げに？表面に飾るけど、
このほうが、具が冷めなくて
いいかもしれない。
宝探しみたいで楽しいし。

＊食べたのは、13 ～ 45 元、平均 30 元くらいでした。（具や、店構えによる）

食堂のスタイル

ほとんどの食堂では、おしぼりも水も提供されず、ナプキンも置いていない。

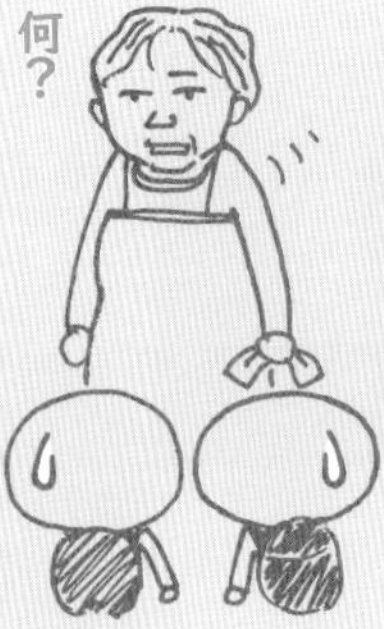

ついでに 営業スマイルも…ない。

でも、ケンタッキーでは、意外なサービスがあった。

香港オリジナルメニュー、蜂蜜味の手羽先。

これに、ビニールの手袋が付いていた。

漢方を探して

香港には、漢方などの「身体によい食べ物や飲み物」が、町に溢れていると思っていましたが……あまり出会えませんでした。

もちろんあるところにはあるのだと思いますが、庶民レベルで……

ある日見つけた、伝統がありそうなドリンク店。その場で煎じてもらったお茶？を立ち飲みするスタイルらしい。

→「感冒」「便秘」「肝炎」などの効能らしき言葉や、「祖傳秘方」（先祖伝来の秘法？）といった、魅惑的な言葉が並ぶ。

でも……

飲み終わったおじさんが置いた湯飲みに、そのまま次のお茶が注がれるのを見て……やめました。

風邪の薬を飲んだこの湯飲みで、風邪がうつっちゃいそうな気がして……

唯一、食した漢方は、亀のエキス入り、漢方ゼリー。

↑黒蜜付き。

漢方薬のお店かな？

パッケージに味があるね～

行列してる

食堂の前にずらっと行列を作っている光景は、日本とおんなじ。

牛バラ麺の店。

近くのトマトラーメンの店や、丼物（和食）の店でも、若者を中心に長い列ができていました。

そそられないスープ

お弁当によく付いてきた、土色のスープ。

味もそう感じて……食欲をそそ……らない。（個人の感想です）

ゴボウを洗った水のように見えて…

…なんて。文句も混ざってて、ごめんなさい…

最高！萬佛寺《マンファッジー》

寺の入り口に着いた。
荘厳な雰囲気は全くなく……
錆びたフェンス、
木々は伸びっぱなし、
像の背後にはトタン板…

トタン板

並ぶのは五百羅漢、
お釈迦様のお弟子さん。

不安な始まり

……と、最初の印象は、
あまりよくなかった。
両脇に並ぶ像を見ても、

五百羅漢
ってことは、
これが
500人続く？
ひ～

面白いけど…
ちょっと
狙ってる
かんじ？

つくりも
チャチいし…

それにしても、すごい坂と階段だ。
頂上の寺まで20分かかるらしい。

この坂
上るのかぁ
それも
これ全部
見ながら…

それでも、せっかく来たんだから、
がんばって見ていこう……

個性的な
お顔～

髪がある
普通の
人っぽい

まぶた！

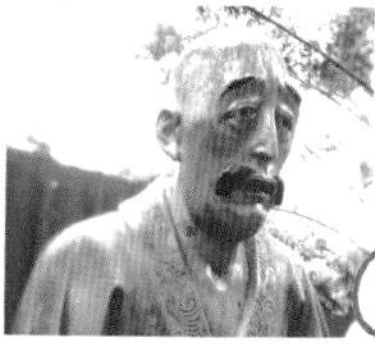
何が
あったの？

羅漢に夢中

憂鬱な気分は、
すぐに一掃された。
一見チャチで
ふざけた
羅漢さん……
よく見ると
つくりが
細かい！
一体一体、
顔もポーズも
大きく違う。
みな、
なにかの
「瞬間」を
切り取って
いるようで、
だから
リアルで
生き生き
してる。
一人一人に
セリフを付けたくなる。
状況を解説したくなる。
見ても見ても
全然
飽きない！

ちょ、
この表情
〇〇さんに
似てない？
これ絶対、
〇〇って言ってるよね

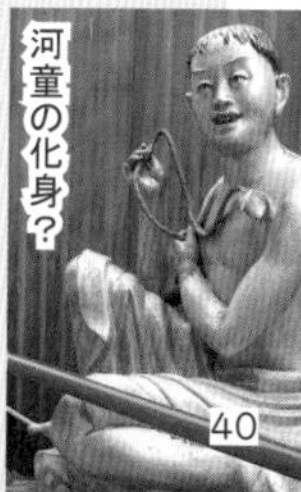
河童の化身？

心が読めない。

孤独を満喫。

今日は
やめときます

心穏やか
ではない。

寄ってく？

行きすぎ羅漢

中には、リアルの「その先」にいる方々も……

波をよけてるっぽい。

足、長すぎぃ～

眉毛、長すぎぃ～

手、長すぎぃ～

お腹に「仏」自慢。

「真実」を知らない人。

ひゃあ～

落ち着いて～

エンドレス羅漢

上りは崖側の像を、下りは山側を見ようと決めていたのだが…

同じ像でも、
上から見るのと
下から見るのとでは、
表情が変わることに
気づいた。

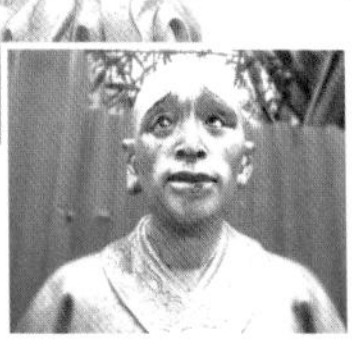

上目使いで
なにか
言ってるみたい

角度が
違うと
若く
見えるね

この楽しみ方に気づいちゃったら、
もう、右向いたり左向いたり
忙しいことに。これじゃ、
時間がいくらあっても
足りないよ～

羅漢さんの効能

いつのまにか、頂上のお寺に到着。
そして、あることに気づいた。

あれっ？
坂が全然
ツラくなかった！

どんどん急勾配になっていったのに、
不思議なくらい、疲れなかった。

興味深いものがあると、
こんなに気が紛れる
ものなのか

じゃあ、全世界の坂に
羅漢さんを置いたら
いいんじゃない？

と、本気で思った。

このお寺、
こんなに楽しめて拝観料なし。
100円でも徴収して、
そのお金でトタンを直したり、
穴の開いた羅漢さんを
修理してあげて、
いつまでも続いてほしいな。

せめてお賽銭を

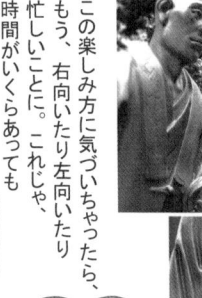

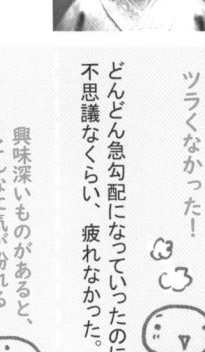

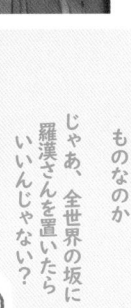

飲茶

地元になじむワゴン式

中央飯店

6品　125元

大通りに堂々と掲げられた横看板。でも意外にも、ひっそりとした入り口。

ここは、ワゴンスタイルを残し庶民的で地元客が多い…と聞き、期待は高まる。先日思うように食せなかったワゴン式を、もう一度！

入ると、お年寄りたちが点心をつまみながら、おしゃべりをしたり、新聞を読んだり……規模も空気感も、いいかんじ！

黙々おばさんと相席

入ったまま立ち尽くしてると、おじさんウェイターが、席に案内してくれた。

そのテーブルには、大きな川魚を黙々と食べる女性がいた。

相席させていただきます
ど、どうも…

女性は、聞こえなかったように、無表情で魚を食べ続ける。

急須が2つ出てきた。1つにはジャスミン茶、もう1つには、お湯が入っている。それと、空（カラ）のボウル。

このお湯は、お茶に足すのかな…
このボウルは、あの「殻入れと思いきや、使わないうちに下げられちゃうやつ」か

だめだ……。私たちは、予習したはずの「洗杯」を、まだ思い出せない。

キタキタ、ワゴン！

ワゴンは、テーブルのあいだを縫うように、ゆっくりとまわっている。……よかった、今日はちゃんと食べられそうだ。

ワゴンを押すおばちゃんに、目で「ウキウキ」を伝えると、蒸籠のフタを開け、点心の正体を明かしてくれる。

マーラーカオ
え、マーラー…顔？

この時の、おばちゃんの、得意満面の笑みが、とってもかわいらしかった。

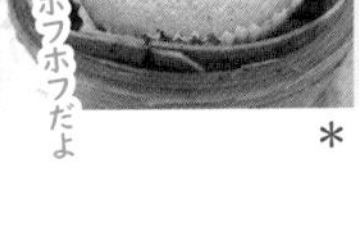
ホフホフだよ

〈マーラーカオ〉

シフォンケーキみたいな、ほとんど空気な蒸しパン。

おばちゃんのマーラー顔で、私たちもマーラー顔だよ～

笑顔がうつって、蒸された点心のように、ほかほか気分。

他のおばちゃんも、みなニコニコ笑顔で、互いに冗談を言い合い、和やかな雰囲気。

あ、ど、どうも～

← 伝票にハンコを押してもらう。

笑顔につられて、勧められるままに蒸籠を受け取る。

＊「カオ」は、ほんとは「ケーキ」という意味です。

思いがけぬ交流

最初は、言われるがまま、すべての蒸籠を受け取っていたが、次から次へとやってくるワゴンに、ちょっとパニック気味……

すると、相席の女性が、ワゴンのおばちゃんに、なにか伝えている。

たぶん、こんなことを
伝えてくれた。
↓
この人たちは、そんなに沢山食べられないわよ
それから、2人でシェアするから、蒸籠は1つずつでいいのよ
え…♡
あ、あはは……なんかすみません……

どうやら、私たちが言いたいことを代弁してくださった模様。私たちには全く関心がない素振りをしていたのに、実は何気なく気にかけてくれていたのだとわかり、胸アツ……

エビがゴロゴロ入ってる〈エビ蒸し餃子〉しっかりめの濃い味。

〈野菜まん〉ほわっほわの皮に、野菜のあんの旨味が じゅわ〜

その後、なんとなく交流するようになり、たとえば私たちが、横を通り過ぎようとするワゴンを目で追っていると……

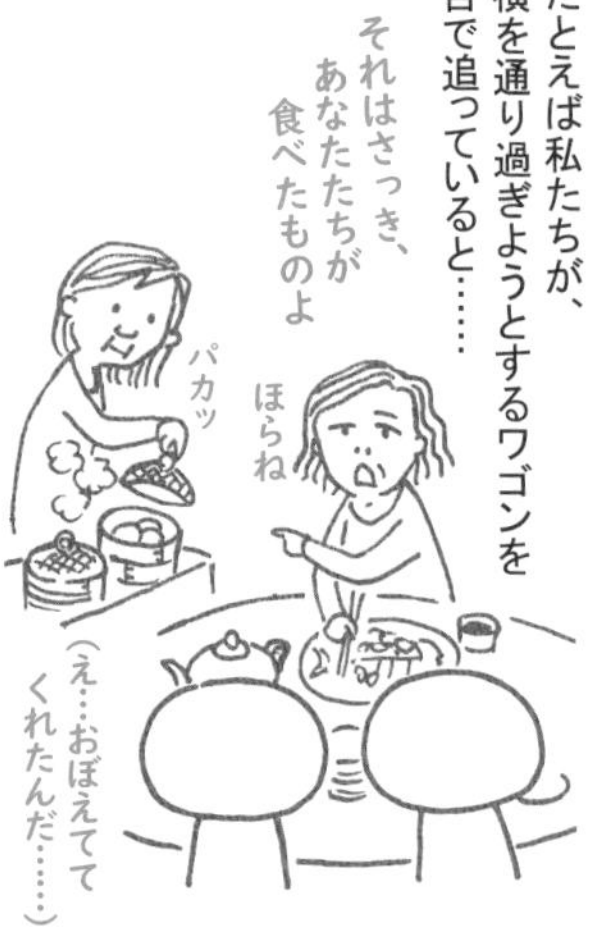
それはさっき、あなたたちが食べたものよ
ほらね
パカッ
（え…おぼえててくれたんだ……）

ちょっとうれしくなって、私たちが今食べている点心の名前をきいてみる。

……と、「ペンと紙！」のジェスチャー。

慌てて渡すと、無表情のまま、もぐもぐしたまま、でも丁寧に書いて教えてくれた。

ここの点心は全般に味が濃い印象。お茶を楽しむための味付けなのかな？ 後日、飲茶タイムじゃない時に頼んだ野菜炒めは、塩が足りないくらいだったし。

〈エビの団子〉は、ぷりんぷりんの弾力。とっても肉っぽい歯応え。

香菜がアクセントの、ふわんふわんな〈牛肉団子〉

彼女がずっと格闘している大きな魚の名前も聞いてみた。

すると…

この定食はこの値段、丸々一匹だとこの値段
42元
280元
あ…
えと、値段じゃなくて魚の名前を……

またしばらくして、彼女が唐突にペンと紙を要求。

そして書いてくれたのは、こんな文字。

書き終わると、彼女は去っていった。

少しして、ワゴンのおばちゃんにそのメモを見せると……おいしそうなデザートが現れました。

〈タピオカと蓮《ハス》の実のプリン〉

蓮の実のあんこかな
おいしいねっ

じゃ

彼女は最後まで笑顔になることはなかったけど、優しさや気遣いは、すごく伝わってきたのでした。

自然体で受け入れてくれたお店の方々にも感謝。

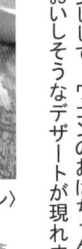

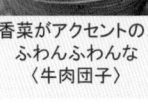

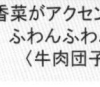

ジオパークと西貢《サイコン》の海辺

日帰りで行ける大自然、ジオパーク（大地［地質］公園）。
地層好きとしてはもちろん、そうでなくても……
香港のビル街から一時離れ、自然の中で気分転換するのにうれしい存在だ。
地下鉄とバスを乗り継ぎ、まずは海辺の町、西貢へ。
そこで、ジオパークへ行く手だてを探す。

ジオパーク

一億四千年前の火山活動によってできたという地層を見に行く。

火山探知館で、日本語パンフもらえます。

ツアーに参加

個人で行くのは難しいようなので、半日遊というツアーに参加（100元）。専用のバスに乗り、道中約30分間、ずっとガイドさんが説明してくれる。
……が、中国語のみなので、1ミリも理解できず。

は～、着いた～
あれ？なにこれ？

降りたところに、路線バスのバス停が。

9A

このツアーは、到着後は自由行動で、ガイドは付かない。なので、言葉がわからない外国人にとっては、実質、「往復送迎」でしかない。路線バスがあるんなら、それでよかったのに～

優しい人

バスを降りた時、同じバスに乗っていた女性が、英語で話しかけてきた。

集合時間わかる？
12時半よ
ありがとうございます！

全く中国語を理解してなさそうな私たちを見ていて心配になり、教えてくれたようだ。心遣いに、きゅん。

開放感のある風景。ここはダムでもある。

地層を満喫

2時間半で、自由にまわる。「じっくり見る派」としては、時間が足りない～

暑い～
へろへろ

ぐにゃっ

六角形の岩柱、自然とは思えない造形。

柱状節理って言って、マグマが冷えてかたまる時に収縮してできたんだよ～
あ～、いい柱状だな～
香港のビル群みたいだね

広いので、時間配分を考えて見学しよう。（帰りは上り坂のため、行きよりも時間がかかるので注意～）

←この地点に来るまでに、20分かかる。

西貢、海沿い歩き

ジオパークから西貢の町に戻り、ぐるぐる。地層や自然に興味がなくても、この海辺のプロムナードを散策しに来るだけでも楽しいと思う。

散歩しよ～

海鮮の店

賑わっている、海鮮料理の店。高いんだろうなとメニューを見ると、ほとんどが「時価」。さらに恐ろしい。

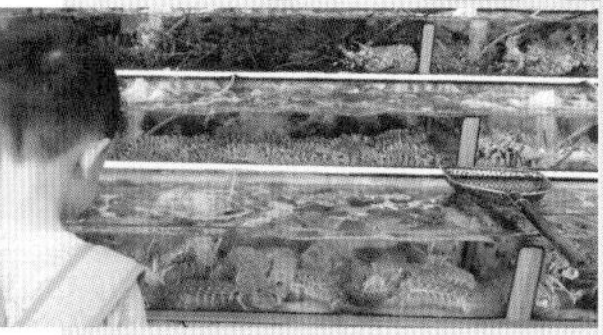

大きな生簀には伊勢エビやシャコ。

浮かぶ魚屋さん

熱心に「海を覗く」人の群れ。なにかと思ったら、小さな船が停泊していて、そこで魚を売っていた。獲ってきたものを売ってるにしては、すごい種類。干物を売っている店もあったので、漁師さんというより魚屋さんなのかな。

なんだろ？
人が集まってる
行ってみよ～

生簀の水を、ポンプで頻繁に海水と入れ替え、魚を生かしつつ。

あれはなんだろ？

整然と、びっしりと。

イカからヒトデまで。

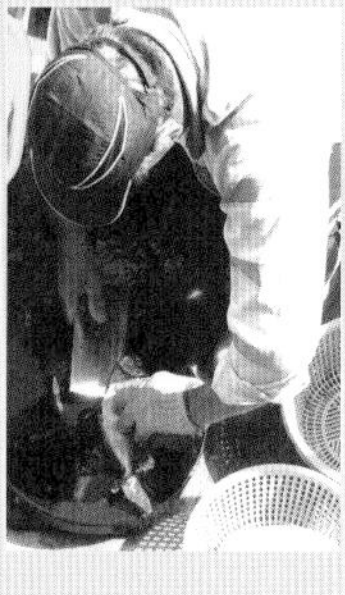

活魚はその場でさばいてくれる。

←

はいよっ

受け渡しはタモ網で。お金もここに入れて渡す。

それぞれの過ごし方

賑やかな、
周遊船の客引き、
タイ料理が人気の
食堂街、
路上の
アクセサリー屋、
独特なダンスをする
地元のおばちゃん…
それらを
冷やかしつつ
散歩する人々、
そして、
ジオパーク帰りの
ちょっと
くたびれた
私たち……
土曜の昼下がり、
のんびりした空気の
西貢の海辺。

周遊のコース。

天然石を、その場でワイヤーで巻いてくれる。

おばちゃんは、みんなピンク。

遠足気分で、楽しい一日でした。

香港の中の日本

この旅でも
お世話になったポカリ。
その名のとおり、宝の水。

「出前一丁」以外にも、
日本を感じたもの、
あれこれ。

金ピカ、リラックマ。
宝飾店のショーウインドー
ということは………本物の金!?

おもちゃ屋さんの
店先にいた、ケロちゃん。

寿司・刺身

お持ち帰り専門の寿司や、スーパーに並ぶパック寿司など……すっかり庶民のものになっている。ネタの種類が豊富で、価格もお手頃なことに驚いた。

店名やメニュー、店のセンスから察すると、日本人が関わってなさそうなのに、品物は、ちゃんとしてました。

「極品」というより「極彩色」。

店名が微妙にヘン…
「魚　寿司の刺身」。

ちょうちんも……なんか違和感。

お持ち帰りの店に、小さなカウンターがあったので、そこで少し食べてみることに。

醤油皿を貸してくれた。

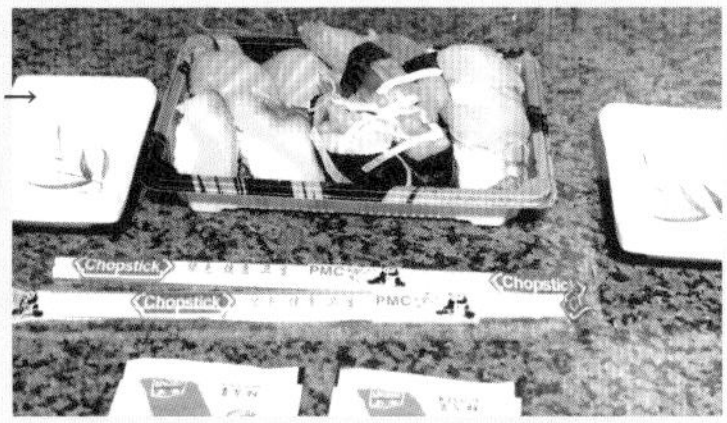

生のエビ、サーモン、かにかま、さば、
マグロ……で、30元。充分おいしい。

レベル高くてびっくり!

スーパーの寿司は
日本並み、いや、それ以上？

148元↓　82元↓

食べる機会はなかったのですが、
とてもおいしそうでした。

日本食のお店

寿司や海鮮以外にも、ラーメン、どんぶり、定食屋……など、日本食の食堂が多くあり、ほとんどの店で行列ができていました。

ごめん、
食べる勇気
なかった…

時々こういう
変わり種も。

マカオで見つけた
バナナ寿司。

セブン-イレブン

世界が画一的になってしまうという面もあるが、やはりこの灯りを見ると、ホッとする。

ELEVEN
ねっ

間口の狭い店舗。看板は、やたら大きい。（しかもちゃんと光るタイプ）

すっかり町の顔。

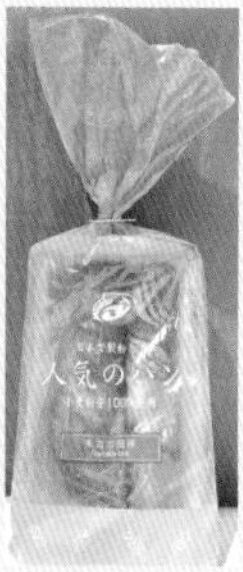
人気のパン

「日本で製粉した人気のパン」と、日本語で書いてある。

この傘をさしている人をよく見かけたけど……

7-ELEVEN

これ売ってるのかな

早餐
(於早上11時前供應)
A $24
B $20
C $28
新!

日本のコンビニのホットスナックは「揚げ物」が中心だけど……さすが香港、「蒸し物」がメイン。

……と、充実したコンビニ事情ですが…

買っても、「食べる場所」がないのが、残念。

座るとこないかな…

みんなオフィスやおうちでの「中食」なのかなぁ

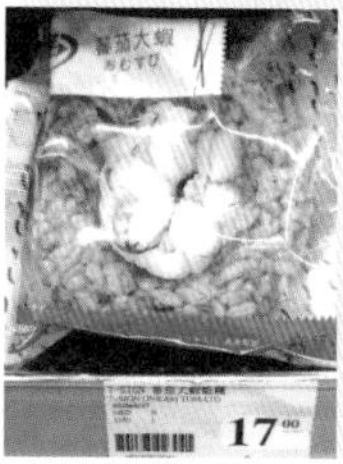
17.00

トマトごはんの真ん中に、エビを乗せたおにぎり。

蒸點系列
糯米雞 $25/份
$10.5/2件
XO醬腸粉 $12.5/份
腸粉 $10.5/2件
粉果 $10.5/2件
叉燒包 $10.5/2件
奶黃包 $10.5/2件
珍珠雞 $11.5/2件
皮蛋瘦肉粥 $13.5/碗
碗仔翅 $13.5/碗
杯裝蘿蔔糕 $13.5/件
新! 杯裝馬蹄糕 $13.5/件
新! 咖喱雞肉包 $10.5/2件
新! 南瓜包 $10.5/2件

日本……？

メイソウ
MINI SO
メイソウ

あの衣料品店と、あの生活雑貨店と、あの100円ショップを混ぜたような……でも日本で作られたものは見あたらず、モヤモヤした気分になる店。

パッケージの仕方まで。

RMB:29.9
MINISO JAPAN
MINISO INDUSTRIES CO.,LTD.

日本製を装ってる？

アメ横？
アメ横丁

一軒で横丁？

問屋っぽい並べ方の、食料品店。

日本城
JHC 日本城

ホームセンター。日本のラインナップと似てるけど、この店も、日本とは、とくに関係ないそうだ。

町には、いろんな「日本」がありました。

飲茶 友人まかせのオーダー式

〈鴻星《スーパースター》海鮮酒家《シーフードレストラン》〉

奢っていただきました

香港通の友人夫婦が、初心者の私たちとの食事に選んでくれたお店。

リーズナブル…というけれど、白いクロスの大きな円卓がフロアいっぱいに並び、ホテルの宴会場のよう。

これまでに訪ねたどの店よりずっと高級で、ちょっとどきどき。

香港で再会

友人Kと㊦は、はるか昔、ジャッキー・チェンのファンクラブで知り合い、それ以来の間柄。

お互い日本にいながらなかなか会えずにいて……今回この香港の地で、超久しぶりの再会。

彼女のほうは、熱い思いがいつまでも変わることなく返還前から今までのあいだ、毎年かそれ以上のペースで香港を訪れ、その頃のジャッキーにも会っている。

そんな彼女と円卓を囲み、香港の今昔や返還前後の話などを聞かせてもらう。

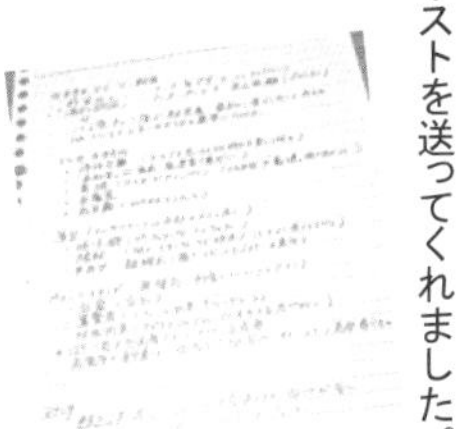

旅の前には、手作りの「見るべき食べるべき」リストを送ってくれました。

写真入りで見やすいオーダーシート。

おまかせして、選んでもらう。

しっかし、何年ぶりだろうね？
あ、いやいやとりあえず注文をしよう
……あ、そうだ、
…いやいやあとであとで

ついつい、懐かし話を始めてしまい、なかなかオーダーが進まない。

香港、質問攻め

ひとしきり懐かしい話をしたあと、話題は「香港」に。

昔と今の違いを教えてもらったり、この旅で疑問に思ったことを聞いたり。

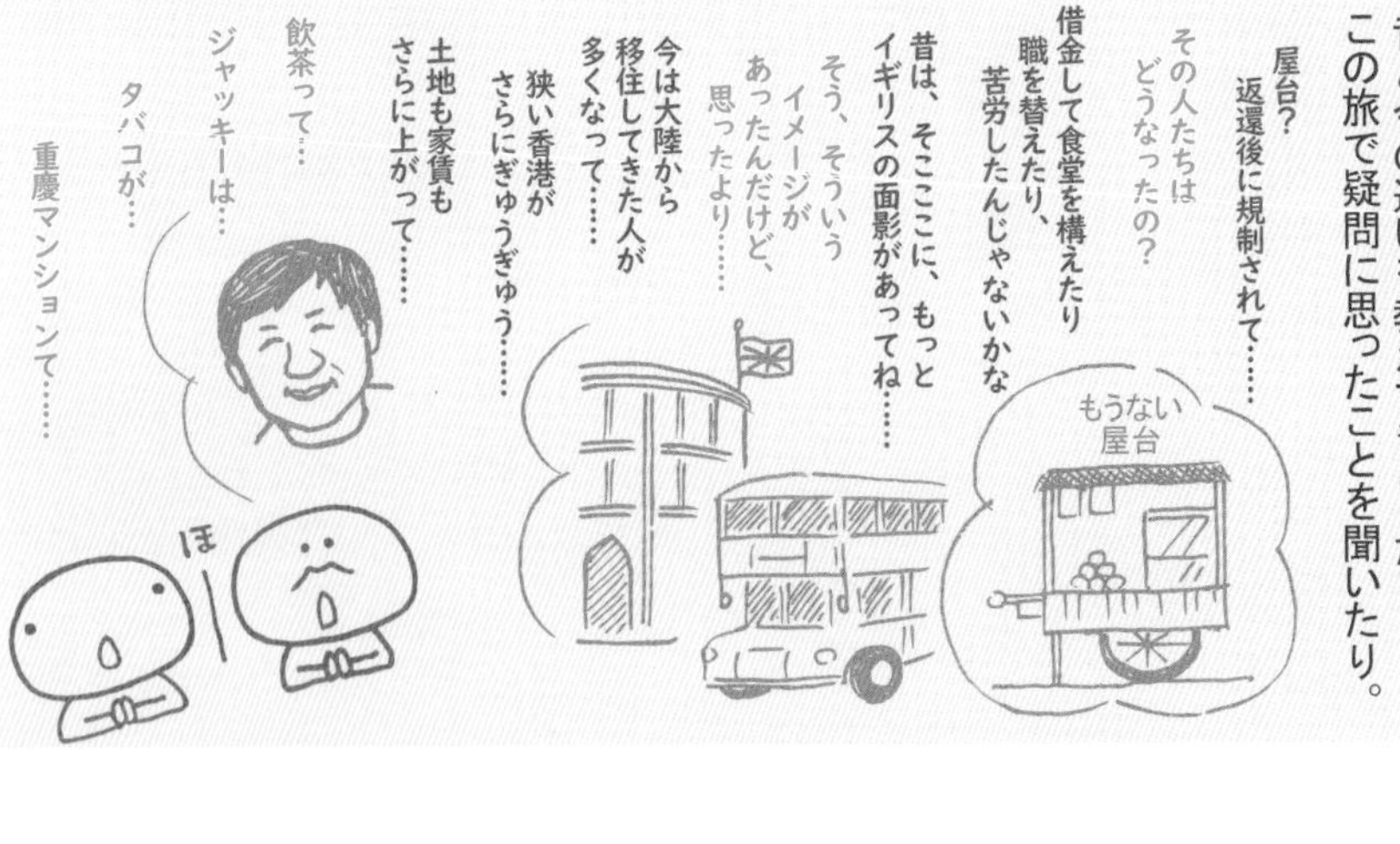
屋台？
返還後に規制されて……
その人たちはどうなったの？
借金して食堂を構えたり職を替えたり、苦労したんじゃないかな
昔は、そこここに、もっとイギリスの面影があってね……
そう、そういうイメージがあったんだけど、思ったより……
今は大陸から移住してきた人が多くなって……
狭い香港がさらにぎゅうぎゅう……
土地も家賃もさらに上がって……
飲茶って…
ジャッキーは…
タバコが…
重慶マンションて……
もうない屋台
ほー

おしゃべりと点心

話の合間に、どんどん運ばれてくる点心。

〈香菜入り牛肉団子〉ふわっふわで、ほろほろ。

蟹とコーンのダシが効いてるスープ。

〈黄金豆腐〉サクサクできめ細かな衣。

〈エビ蒸し餃子〉ぷりんぷりんのエビが期待を上回る味。

そして、とくに楽しみにしていた〈焼豚〉が運ばれてきた。

おしゃべりが止まらない私たちの横で、彼女の旦那さんが困った顔でチラチラ見ている。

焼豚、おいしそうだなー
じ――――…
お先に一つもらおっかな
パクッ
あ、すごくおいしー……
チラッ…

……あのお話し中ごめんね
せっかくだから冷たくならないうちに……
おいしーよ

こちらが手をつけないのを気にして、食べるきっかけを作ってくれた旦那さん。

……あっ、
ごめんごめーん
いただきますいただきますー

〈オコゼの蒸し餃子〉

ウーパールーパーみたい。

おいしい…
凝ってる…
かわいい…

〈スペアリブとタロイモ〉

骨離れがよく、ほろほろ。

〈鳥の足〉甘くてやわらかくて、とろっとろ。

〈カイランの湯通し〉

豚まんじゃなくて〈あんまん〉

あんこは少ないけど、皮がきめ細かくて◎。

しっぽもあるよ。

ところで、あのボウル

……あのさ、殻入れだと思ってると使う前に片づけられちゃうあのボウル、なに？
ん？食器を洗う器のこと？
え？……あっ！
あああ！そっか！せ、洗杯！食器を洗うのか！
あっ、じゃあ、あの「お湯」は……
うん、そのお湯をかけるんだよ
せめて、お湯飲まないでよかったよ…

わかってみれば、逆になぜ、ここまで気づかなかったのか……

自分たちが信じられない……

またねー
次は日本で会おうね

……マヌケだった今までの飲茶をやり直したいキモチでいっぱい。

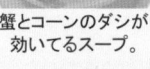

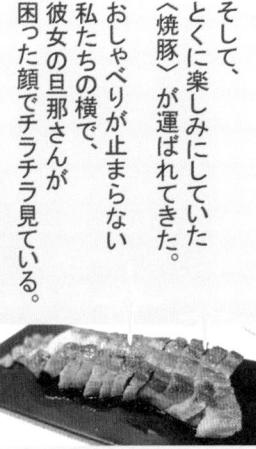

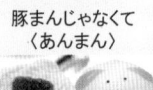

重慶マンション探索

香港に
行ったことがなくても
名前は聞いたことがある、
重慶大厦《チョンキンマンション》と、九龍城《クーロン》。

もう、
かつてのような
怪しい雰囲気は
ないのかもしれないけど、
やっぱり一度は
訪れてみたかった。

印象は……

香港の真ん中、ネイザンロードに建つビル。印象としては……薄暗く、雑多。いくつもの両替店があり、インド、中東、アフリカ…系の人たちが多く行き交い、彼らのためのレストランや食料品店があり……

香辛料のにおいのする、ぬるーい空気が漂う空間。

迷っていると、親切に道を教えてくれる人がいたりして、思ったよりは危ないかんじはなかった。でも、そんな表面的なものだけではないんだろうな…と思わせる、独特の雰囲気があった。

安宿チェック

ビルの上階には、安宿が多く入っている。せっかくなので、部屋を見せてもらおうと、エレベーターに向かう。

エレベーターは、偶数階 奇数階、各1台。何十軒とある安宿に、たった2台って……どうなの？
案の定、全然下りてこない。

これだけ宿がある。↓

…にしても、来なさすぎじゃない？
同じ階でずっと止まってる…

やっと下りてきた。扉が開くと、天井まで「黒いゴミ袋」が！

なにかと思ったら、宿で出たゴミや、使用済みのシーツだって。

このエレベーター、業務用にも使ってるのか。なかなか来ないわけだ……

見せてもらったのは2軒、3部屋。300～700元。
思ってたより 清潔そうだけど、
思ってたとおり 狭くて、
思ってたより 高かった。

もしよければ、最後の数泊予約しちゃおー

相部屋（ドミトリー）が多く、ツイン部屋は少ない。

ベッド細～寝台列車みたい
ここで何日も過ごすと思うとな～

部屋面積≒ベッドサイズ、という部屋。

荷物は、ベッドの下に置くらしい。

……部屋以前に、毎日あの不自由なエレベーターを使うかと思うと……いくら立地がよくても、ここに泊まるメリットはないかなと思いました……

九龍城って今はどんな？

魔窟と言われていた建物は、
９０年代に取り壊され、
公園になっている。

今、この町は、
おいしいレストランが
集まっていることで
有名なんだそう。

うろうろしていた私たちは、
レストランではなく、
小さな安宿の看板を見つけた。

ここでも宿探し

細い階段を上がった2階にあるらしい。
どんな部屋が、いくらくらいなのか、
興味津々で、階段を上がる。

行ってみよう

宿のフロント（というか詰所？）に、
おば（あ）ちゃんがいた。

怪訝そうな顔をしていたが、
身振り手振りで
「部屋が見たい」
と伝えると、
「おぉ、そうか」
というかんじで、
ついてこいという合図。

部屋は……狭く、汚く、
金額を聞く気も失せた。

……

「ありがとう」と言って引き返そうとすると、
おばちゃんは、「早く部屋に入れ」と促す。
もう、私たちがこの部屋に泊まるものと決め込んでいるようだ。

1部屋400元だという。
「そうですか、でもちょっと気に入らなかったので……
見せてくれてありがとう」と去ろうとすると、
「350元でどーだ！」と、値下げ。

「いえ、泊まらないですよ」と断って、
入り口の方向へ戻ろうとすると、
後ろから、なにやらわめきたてる。

振り返ると、
すごい形相で迫ってきていた。
そして、私たちのメモ帳の、
部屋代を書いたページを引きちぎり、
丸めて、自らのポケットにねじ込んだ。

逃げるように出ていこうとする私たち。

まだ追いかけてくる
おばちゃんが、
まるで九龍城の
ゴーストのように見えた。

出られた…
ハア
ハア
な、なんだ なんだ
？
？

私たち的に、ここが
九龍城の魔窟……

屋台はどこ？

これも
屋台？

アジアと言えば、食べ物屋台。
香港のガイドブックにも、
あちこちにあるように
書かれていたが、
行ってみると、え？　これ？
と思うものが多かった。
台湾やタイに比べると、
ちょっと寂しい状況。

返還後、
衛生上の理由などで
規制が厳しくなり、
減っていったのだそうだ。

ガイドブックの「屋台街」

中環

ガイドブックに「この辺り、屋台が並ぶ」とあるので行ってみると、それは、野菜や衣服の屋台だったりする。屋台街＝飲食物、だと思い込んでいたので、ちょっと肩透かし。

急な階段沿いに、
「食材の」屋台が並ぶ。

確かに
屋台
だけど…
これはこれで
楽しいけどさ…

$40
歯応えのある
巨峰って
かんじかな

「手指」という名の、
指みたいなブドウを
試食させてもらう。

そもそも屋台って？

香港には、本当の意味での食べ物屋台は、もうないのかもしれない。路上に並ぶ、一見屋台風なテーブルも、料理は、隣接する店舗から運ばれている。「テラス席」または「路上、青空、オープン…食堂」と呼ぶべきか。

外のテーブルで食べるのが好きなので、
屋台だろうが店舗だろうがどっちでもいいか〜
と思ったけど………気づいた。
お店だから「ちゃんとした一皿」なのだ。
「串1本」というわけにはいかない。
だから、値段も高いし、量も多い。
そうだ、私たちが屋台を好きなのは、
屋外というだけじゃなくて、あちこちで、
ちょこちょこ食いができるからだった……やっぱりちょっと残念。

私たちがイメージ
する屋台飯。

そういうことか

香港に来て感じたのは、「ちょこちょこ食い」をしてる人がいないこと。

他のアジア諸国だったら
ベンチに座ってる人は
100%なにか食べてる。
それどころか、
店員さんや、
警備員さんなど、
仕事中の人も。

そうか、食べ物屋台がないから、
そういう習慣もなくなったってこと？

タイなどでは、
販売員さんが
ショーケースを
テーブルにして、
麺をすすっていたり。

だからなのか

町の中に「ベンチ」が少ない気がする。コンビニやパン屋などで買ったものを、座って食べる場所がない。

パンを買ってから、食べる場所を
探してうろうろ。どっかにあるだろうと
タカをくくっていたら、10分探してもない。
（あっても、まず空《あ》いてない）

……道端に座って食べることに。

←同じ境遇の人。

屋台っぽい店を探して

天后廟街

「ナイトマーケット」という響きにつられて来てみたが、屋台は、やはり衣服や日用雑貨ばかり。

夜市にも食べ物屋台はないのか～

でも周辺を歩いてみると、「屋台っぽい料理店」がありそうな雰囲気。

探検してみることにする。

早速怪しいお店を発見。

↓

細い道の上部にビニールシートを張って、ムリヤリ「店」にしている？

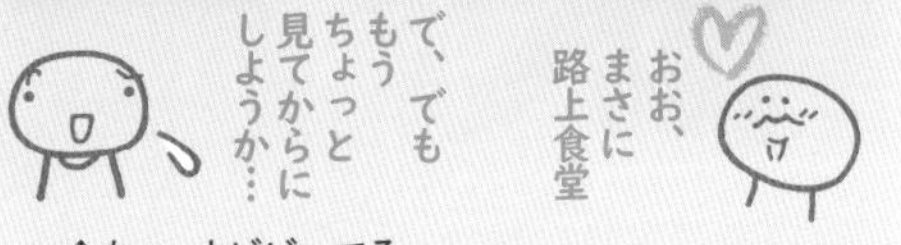
おお、まさに路上食堂
で、でももうちょっと見てからにしようか…

↑ちょっとビビッてる。

少し歩くと、賑やかな十字路に出た。看板に「蟹」をあしらった店が並ぶ。どこも、宴会風の客でいっぱい。

中のテーブルが、外まではみだしてるスタイル。

香辣蟹
Spicy Crabs
廟街218-220號

楽しそうな雰囲気なんだけど……
海鮮だからか、価格は「一流」。
とても屋台気分では入れない。

ここはパスかな～

行列ができている小さなお店を発見。臓物系を、軽食っぽく提供している。

持ち帰り客がほとんど。ここで食べる場合は、横の立ち食いスペースで。

廟街牛什

2品で 25 元。

ここは、料理も価格も屋台に近いね

器を置けるだけでも、有難い。

1本脇に入ったところの、小さな鴨料理の店。「半外」のような席が楽しそうなので、ここに決めた。

ここにも席がある。

この席に並んで座る。

〈ローストダック〉半身 108 元。

道行く人を眺めながら。

別の日には、この近辺で、最高に楽しいお店を見つけた。屋内だけど、大きなテントの中にいるようなつくり。

いくつもの大きな丸テーブルに、地元民と思われるお客さんがぎっしり。わぁわぁと声が響き、活気が溢れる。相席は、あたりまえ。

（詳しくは P79）

まだまだ、屋台っぽい店

時折見かけた、「スタイルやテーブル席が 屋台っぽい」お店。

中環にある細い路地。ビルの谷間にパラソルが並ぶ。

男性客が多い。

猪扒飯44元。

店の中に道路標識が。↓

歩いてて偶然見つけた店。

カジュアルなテーブルと裏腹に、一皿100元前後でビビる。

（あとでガイドブックを見たら、耀東街という通り。「屋台街」として載っていた）

わかった
ラーメン屋台！

灣仔近くのオシャレ食堂。外にカウンターがある、面白いスタイル。あれ？ なにかに似てる。

「食堂」プライスなので
ハシゴは できないけどね～

宿のあるビルの1階にあった食堂。

灯台
下暗し
だね～

この雰囲気もいいね。

ほぼ屋台？

上記とは逆に、「テーブルはないけどメニューが屋台っぽい」お店。

旺角辺りでは、軽食を売るお店が、いくつかあった。

若者が多い。

〈ニラ焼き〉と〈豚串〉

28元

店の前の荷物の上で食べさせてもらう。

この店は
私たちには
「屋台」だね
切ってない
ニラって斬新～
よぎった
予感どおり……
噛みきれまへん

深水埗にあった、お惣菜的軽食のお店。お持ち帰り客がメインなのか、ここもまた、食べる場所はない。

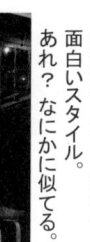

街市の中の屋台街

街市＝市場。3～4階建てのビルに、野菜、肉、魚、雑貨……の店舗がひしめく。
街市の上階には、フードコートのような食堂が、数軒入っていたりする（熟食中心）。
ここもまた、私たちにとっては、「屋台街」のような存在だ。

入り口の看板で、このマークを探そう。

花園街街市
FA YUEN STREET MARKET
3
1
G

花園街街市

3時過ぎだからか、ガラガラでした。

九龍城街市

大ホールみたいで楽しい空間。夜だったので、鍋を囲んで居酒屋ばりに使ってる人たちもいた。

タイ料理があったので、トートマンクン（エビのすり身揚げ）が食べたくなり、たまにはと、入店。

……しかし、間違えて〈魚のすり身揚げ〉を注文してしまう。

これじゃさつま揚げだ……

駱克道街市

香港島の中心近くにあるからか、ちょうどお昼時間だったからか、サラリーマンでごった返していた。

まるで社員食堂だね

マーボー茄子っぽい料理。

蒸した魚と青菜。

どちらも35元。

油麻地 街市

ここの街市には食堂がなかった。市場に食堂がないわけがない！と、周辺を歩く。すると、場外市場があり、その奥に……

雨の日の場外市場、人もまばら。

ないのかな～

あったー

食堂発見。店のおばちゃんが強力プッシュしてきた2品を注文。

〈エビワンタン入りフォー〉
〈牛肉と大根の煮物、ライス付き〉
強気で勧めてきた割には、なんとなく雑な仕上がり。

牛地灣 街市

虹色団地近くの街市には、なんと飲茶店が入っていた。大喜びしてたら、

今日はもう終わりなの
え、まだ1時なのに？

聞いたら、営業時間は朝5時から正午までとのこと！そっか、本来市場で働く人のための食堂だもんね。

いい雰囲気。しかも値段も安かった。残念。

以上、屋台探検隊のレポートでした～

香港歴史博物館で

4億年前から
現在の香港まで
という、
壮大な展示。

4億年って、
植物や
魚の時代？

そこから？

うれしいことに
日本語音声ガイドが
あったので、
見るだけじゃなくて、
じっくりと
勉強するつもりで
見学しよう。

＊入場無料、音声ガイドは10元。
夜7時まで開いてる土日がおすすめ。

じっくり、前半

本物の石をかたどって作られた
「地層」のレプリカから始まる、
迫力のある展示。

ほーー、
なるほど
へぇー、
こんな石が
採れるんだー

標本も多数。「石」好きなこともあり、
ついつい、じっくり見入ってしまう。

さらに進むと、小さな森が現れ、
大木の影に動物が潜んでいたり…
早くもこの辺りで、進まない。

ヤバイ。
30分で
まだここ……

やっと
人類が現れた……

＊ちなみにこの日は、午後4時半〜7時までの見学でした。

駆け足、後半

このあと、王朝時代〜イギリスへの割譲の時代、伝統文化の
紹介コーナー……など、ぎっしりと丁寧な展示が続く。

海上生活者の船、実物大。
中に入って見学できる。

実物
こっちは写真

お祭りや冠婚葬祭など、
「文化」の紹介も充実。

お面を売る、お祭り屋台。

「日本占領時代」も
結構シビアな
雰囲気で、
大きめに
展示されてます…

その先の「近代」エリアでは、町並みや庶民の生活が、
再現されていた。…これ、一番好きなやつ……
でももう、閉館まで時間が迫っていて、
悲しみの早歩き……

とても重厚な「押」（質屋）。

建物から内部まで、完全再現。

昔の食卓。ここで
数分妄想してたい。

店の品物も、当時のものを
使っているのがいい。

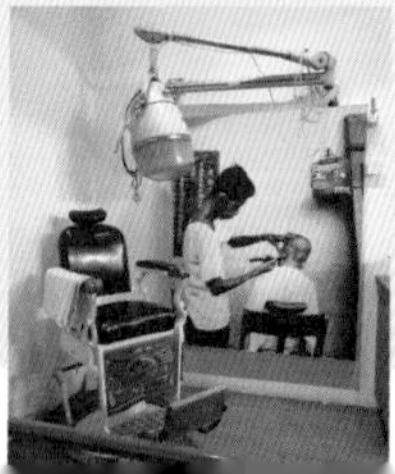

等身大の写真が
置いてあるので、
よりリアルに、
時代が感じられる。

ミュージアムショップ

それでも見学を閉
館15分前に切り
上げ、ショップへ
行く時間を確保。
（買ったものはP125に）

絶対また来るぞ〜

Where is Jackie?

香港映画の大スター、
ジャッキー・チェン。
今の香港には、ほぼ何も
痕跡が残っていなかった……
グッズのようなものすらない。
ブルース・リーは、
銅像も記念館もグッズもあるのに。
あれだけ香港映画に
貢献してきたジャッキーが、
ここまで跡形もないというのは……

手形はあった…

唯一見つけた蝋人形。

悲しいという以前に、なんだか不自然なかんじなの

追っかけ時代

今日のジャッキー、あそこで焼き肉のあとはあの店でショッピングだって。前のカフェで待ってようか
そだね

返還前は
よく来日していて、
ツアーイベントや
ライブが催され、
ファンも大忙しだった。

友人Kの話

ジャッキーの事情、
香港の人々のキモチ、
これまでの
ジャッキーの
存在位置の変遷……
を、話してくれた。

ジャッキーは今、家も事務所も…

もう香港では映画を…

発言が…

ブーイングが…

香港の人々の寂しさと怒りが、憎しみに変わってしまった……？くらいの勢いで抹消された……？

……みたいな印象……

ぐるぐるぐる……

せめて、ロケ地巡礼

気を取り直し、
香港映画の面影を訪ねてみました。

永安廣場（百貨店）。「ポリス・ストーリー」の、デパートの最上階から、ポールをつたって下りるシーンは、ここで撮影された。

ジャッキーが生まれた丘から…

ここがオフィス跡か…

あのポスターの風景…

……なんて、
いつの日か
香港を訪れたら、
ジャッキーの
軌跡をたどって……
なんて思って
いましたが、
時間が経ちすぎて
しまったようです。

1881ヘリテージ。
「プロジェクトA」の水上警察の跡。

ジャッキーがあまりにいなくて……さみしーような、落ち着いて旅できてよかったような……

怒られっぱなし、香港

旅のあいだ、
ここで？
と思うところで、
よく怒られた。
思い返してみると、
全員女性だった。
時に萎縮し、
時に言い返し、
時に諦めて……
一人旅だったら
めげていたかも。

道を尋ねると……

空港からバスに乗り、宿主に指定されたバス停で降りたが、宿の方向がわからない。

小売店の女性に地図を見せつつ聞いてみる。

すみません。○○通りは、
どっち方面かわかりますか？
今ここの通りで、ここにお寺があって……

すると、ちらっと地図を見たあと、
「あっち」と、無表情で指をさした。

そして、次の瞬間、くるっと背を向け、なにかをガサゴソと探している様子。

地図かなにかを出してくれるのかと思い、そのまま立っていると、振り返った彼女は……

えっ
たぶん
↓
はぁ？ なにまだ
そこにいるんだ！
ジャマジャマ、
あっち行け！

これが、香港最初の、人との触れ合い……

＊ちなみに、彼女が指さした方向は、全くの逆方向でした。

大人気のパン屋さんで……

パイナップルパンが人気のお店。

店頭には、テイクアウトするお客が沢山。
でも、列にもなっていなくて、
順番も、頼み方も、わからない。
数人が買うのを観察しつつ
タイミングを計っていると……

たぶん
↓
買わないなら
どいて！
一応「1コ」の意味で、
指を立ててみたのだが……

と、追い払われた。

迷惑だったかもしれないが、買うつもりで立っていたことを、本当にわからなかったのかな。悲しい……

スイーツ屋さんでも……

有名スイーツ店で支払い時クレジットカードを出した。

返してきたので手続きが終わったと思い、カードをしまい、レシートを待っていると……突然怒鳴られた。

○☆×※▽？★!!
○☆×※▽？★!!
（→早く払え的な？
または、無銭飲食呼ばわり？）
?

どうやら、カードは使えないので突き返し、現金で払えということらしい。

わかるように言ってほしいし、こっちがドンくさかったとしても、そんなに急に怒鳴ることか？

熟食中心の、弾丸おばちゃん

このおばちゃんは、怒るというより、ただただ、まくしたてる。
「言葉がわからない」ってジェスチャーをしているのに、ずーっとしゃべってて、もう、あきれ笑いをするしかなかった。
○☆×※▽?★
○☆×※▽?★
○☆×※▽?★
○☆×※▽?★
（→たぶん料理の説明？）
待って待って
全然わかんない～
ある程度しゃべって、こちらが理解してないと気づくと、
はあ、なんだ、あんたら言葉わかんないのかい
（ほっ、やっとわかってくれたか）
一瞬止まるのだが、
息を吐き終えると、何事もなかったようにまた、弾丸トークが始まる。
○☆×※▽?★
○☆×※▽?★
○☆×※▽?★
え～!?

だからわかんないんだってばぁ～

……謎。

飲茶店は、観光客疲れ？

観光客が多く訪れる、ど真ん中の飲茶店。
もう、最初から感じ悪い。
ひゃっ！
ドンッ
注文したくて目を合わせようとしても、誰も気づかない。
いや、気づいてるのに無視してる。
すいませーん
それなのに……
まだ口に到達してない。
皿を下げにくる速さは、疾風のごとく。
ガッ
やっぱ、しっかり見てるんじゃん！

聞いてください！

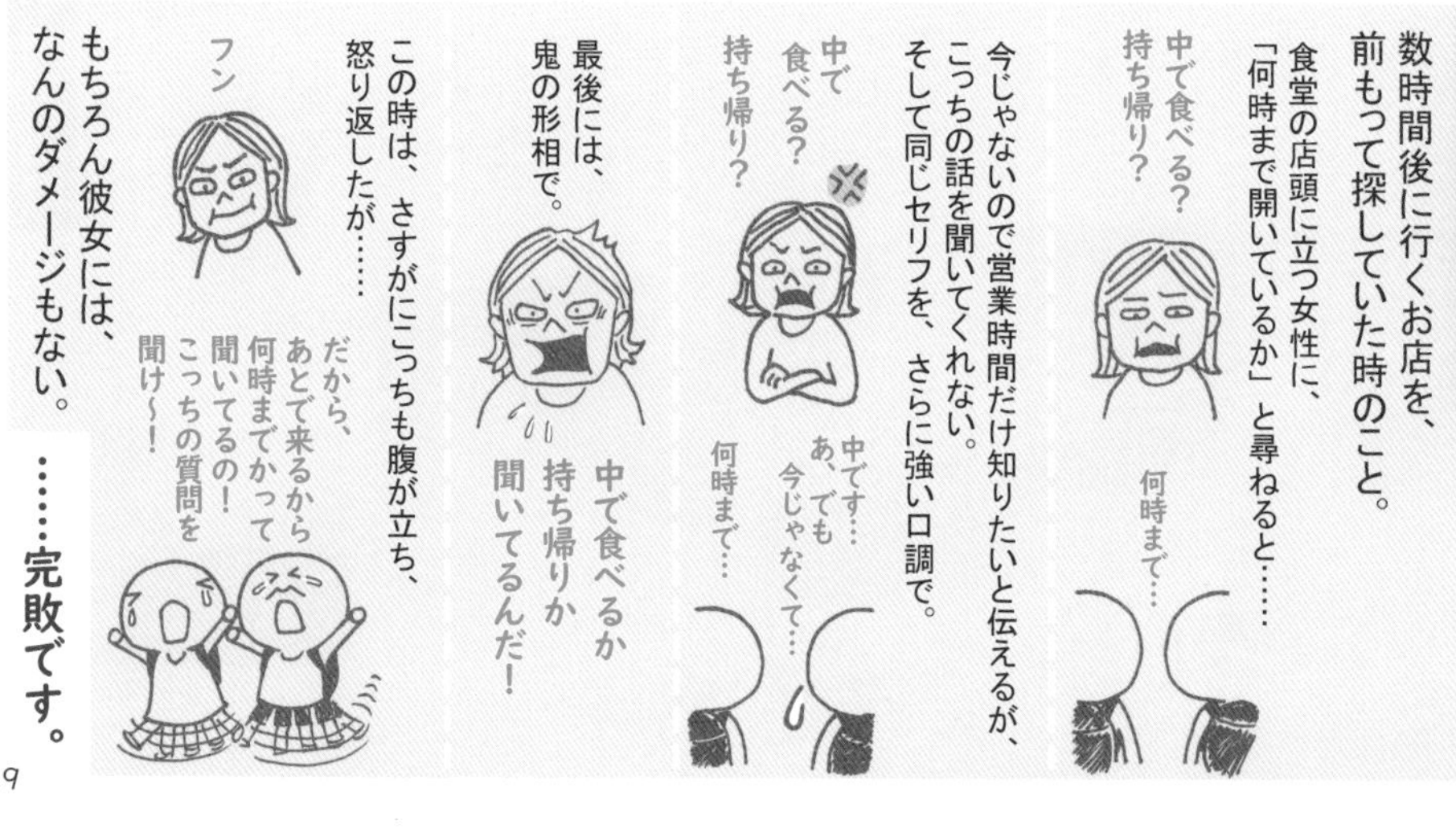
数時間後に行くお店を、前もって探していた時のこと。

食堂の店頭に立つ女性に、「何時まで開いているか」と尋ねると……

中で食べる？持ち帰り？

何時まで……

今じゃないので営業時間だけ知りたいと伝えるが、こっちの話を聞いてくれない。そして同じセリフを、さらに強い口調で。

中で食べる？持ち帰り？

中です…あ、でも今じゃなくて…

何時まで…

最後には、鬼の形相で。

中で食べるか持ち帰りか聞いてるんだ！

この時は、さすがにこっちも腹が立ち、怒り返したが……

フン
だから、あとで来るから何時までかって聞いてるの！こっちの質問を聞け～！

もちろん彼女には、なんのダメージもない。

……完敗です。

日帰りで深圳《シンセン》へ

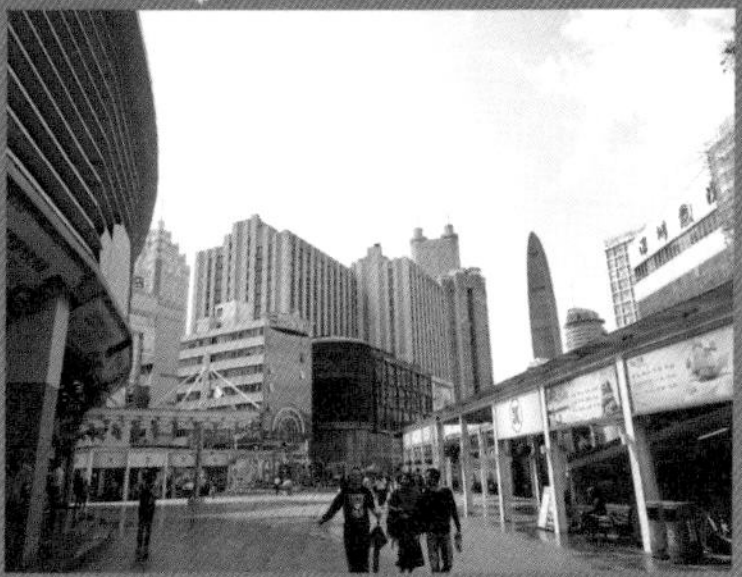

ほんの少し足を踏み入れただけですが

宿の最寄り駅から、列車1本、約40分。それでも、出入国の手続きはちゃんとあって、貨幣も違う。

治安が悪いという情報もあったけど、日帰り旅で感じたのは、拍子抜けするほど普通の街ってこと。

4000円→236中国元に。（1元約17円）

指紋認証に苦戦。

深圳散歩

朝8時半、羅湖駅着。近未来を思わせるビルがニョキニョキ……と想像していたが、駅付近は割とフツーで拍子抜け。でも広々として、いい雰囲気だ。

地下鉄の駅1つ分、歩いてみることにする。

雨が激しくなり、横断歩道付近には深く水が溜まっていて、歩くのに苦労する。

金光華広場に到着。ビルにはブランド店が並んでいたが、人がほとんどいない。閑散としている。

しかし、地下鉄に乗るためにエスカレーターで地下へ下りていくと、地上の静けさがうそのように賑わっていた。

金光華広場付近。雨だからか、人影がない。

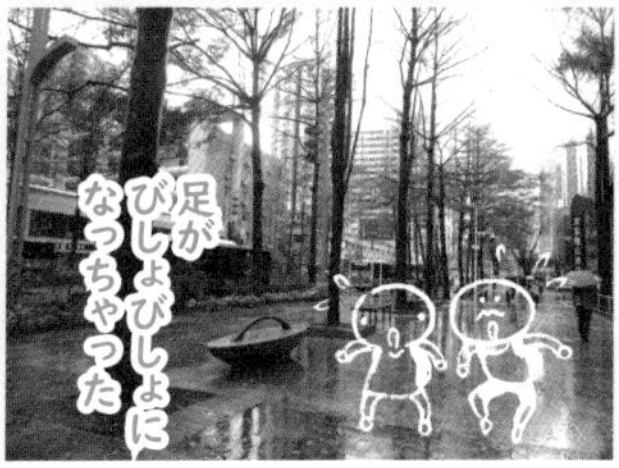
足がびしょびしょになっちゃった

歩道は広くてきれい。

←この辺り。

治安はよさげだが、ショッピングモール近辺は、怪しい空気が漂っていた。

地下街を満喫

地下街には、外国資本のチェーン店なども多く、東京にいるのと変わらぬ雰囲気。

ジャーキー屋さん。次々と味見をさせてくれるので、つい、購入。香港の店員さんより、ずっと愛想がよかった。

香港で気になっていた駄菓子を買う。

スーパーは、オシャレで品揃えも豊富だった。安さにつられて野菜を買ったり、フードコートでシステムを教えてもらって軽く食事したり。

元気寿司もあったよ

でも表示より高かった気が。ぼられた??

10元だって。香港の半額以下だね

カイラン安いよ買っちゃう?

フードコートで。全部で30元くらい。

NOMEは、中国の雑貨チェーンだそう。

＊物価の目安……水1500ml、ポカリ500ml、缶ビール330ml、どれも5元前後。

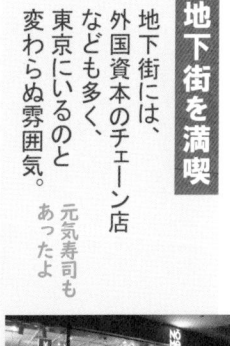

賑やかな街、老街

雨が上がったからか、老街という街に来ると、多くの市民が行き交っていた。ヤシの木が植えられ、ベンチも多く、とても楽しげな繁華街。

わあ、いいところだね～

あちこちでパチパチという音が。なにかと思ったら、衣料品店の店員が、こんな道具で呼び込みしてた。

パチ
パチ
パチ
パチ
パチ
パチ
もともとは「手」をたたいてたんだろうな

どこでお昼を食べようかと、……と、楽しそうなところを発見！探しつつ歩く。

それは、ビルの2階フロア一面に屋台が並ぶ、「限りなく屋台街」なフードコート。こういう雰囲気に飢えていたので、わくわくして品定め。

台湾小吃区
往歩行街
新鮮水果

やっぱり屋台だと「台湾」なんだね

大当たりだった、〈阿里山竹筒飯〉↓

台湾料理だけど

20元

このあと、3時半くらいまで、この街で過ごす。

青空の下で飲む、青島ビール。

青島啤酒
TSINGTAO
BEER

交番や、警察車が多いね
治安がいいのか？逆に悪いのか？

金ピカなビルに、中国らしさを感じる。

地下鉄で羅湖駅へ戻る。

地下鉄のトークン。

セブン食堂

中国元を使い切ろうとカフェを探すが見つからず。お菓子でも買うか、と、コンビニへ。すると…。

思いがけず、オアシスが。

店内に、長～いテーブル。

なにこのスペース！うれしい～
ここで休ませてもらおう

早速、飲み物とお菓子を買う。でもまだ、結構余ってる。

じゃあ、ちょっと重いけど、香港で必要な、水やポカリを買ってっちゃおうか、安いし！

何回もすみません…

ということで、またレジへ。それでもまだ余ったので、アイスを買う。するとまた3元のお釣り。そのお金で豆乳を1つ買い、分け合って飲んだ。

豆漿

これ、ここのオリジナルかなぁ
おいしい～優しい味～

何回もレジに向かう私たちを、微笑みながら迎えてくれた店員さん。

日帰りだと、あっというま～

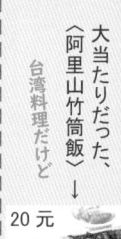

香港島へお引越し

2軒めの宿にお引越し。
九龍側から香港島側へ。

地図アプリで調べたら、
今の宿からバス一本、
乗り換えなしで
行けることが判明。
30分弱で、宿近くの
バス停に着いた。

そこから宿までは、
なんだか
ゲームみたいで……

たどり着くまで

宿主からは、事前に、
部屋までの事細かな指示が送られてきていた。

なになに、
「いつも行列してる
スナックスタンドの
横に、入り口がある」？
あー、
これだ
確かに
目印がないと
わかんないね
真っ暗だし

「入って右にリフトロビー」
……で、「そこのパス」？
ああ、柵の向こうに
エレベーターホールがあるね。
これのことか
ここに入るのに、
暗証番号が
必要ってことね

「右のリフトで12階へ」だって
このエレベーター、
古い「二重扉式」だ
エジプトを
思い出す～

「降りて
右に曲がると、
ルームBと書いてある
青い扉がある」だって。
暗証番号は……

開けたら、またそこに、3つの扉があり……

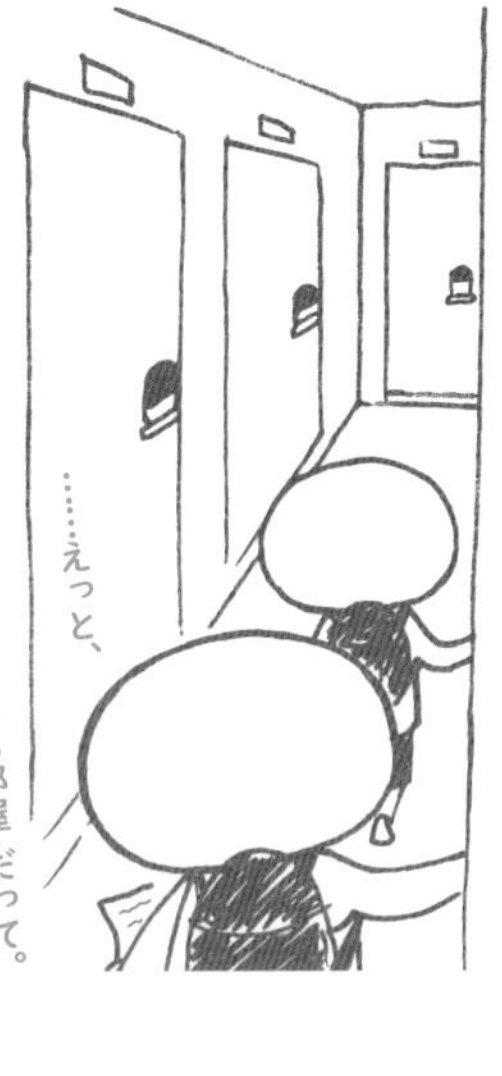

……えっと、
「251って書いてある部屋」だって。
その暗証番号は……

狭い！

↓開けてすぐの感想がこれ。
そして、次に思ったのは……長細い!!

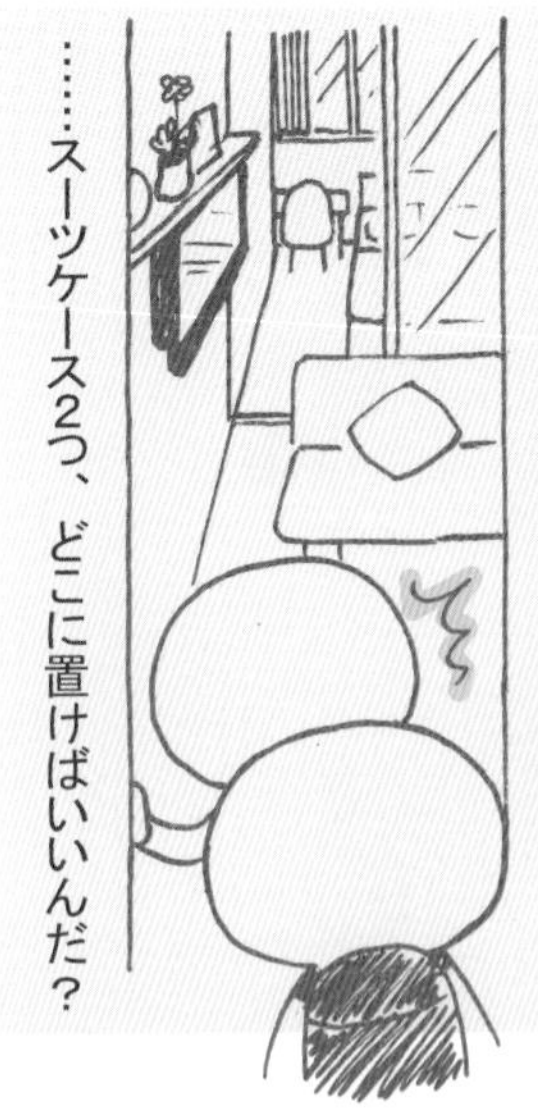

……スーツケース2つ、どこに置けばいいんだ？

こんなお部屋&困ったこと

間取りは、こんなかんじ。

収納棚
セミダブルベッド
机1
ソファベッド
う〜ん
机2
花瓶
玄関
キッチン
トイレ
シャワーと洗面台
テレビ

このソファベッドを広げたら、床がほぼ、なくなる。

ここ、2人がすれ違えない。

狭い割に、貴重な棚に、造花など、いらないものが沢山あったり…

どうしたもんでしょー

スケスケトイレ

トイレの壁と扉が、「すりガラス」。しかも便器が、壁すれすれに設置されているので、くっついたお尻が、部屋から丸見え。

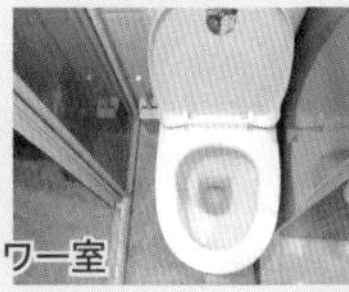
←ここが、すりガラス。
シャワー室
キッチン側

コトの一部始終が、丸見え。

スケスケ対策

新聞紙で目隠し。さらに……

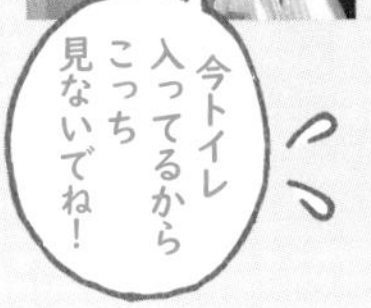
今トイレ入ってるからこっち見ないでね!

と、声をかける。

はいよー

大がかりな模様替え&工夫

ソファベッドを広げるのは諦め、セミダブルベッドで一緒に寝ることに。それでもまだ狭いので、家具の配置を変えてみる。

ここもまた「ベッド2つ」の条件で探したのに、意味なし〜

模様替え

これがベストかな…

寝相が悪いから大丈夫かなー
ここに2人で寝る。
食事もここで。

椅子は家具の上に上げちゃう。

装飾品はすべて収納棚の中へ。

スーツケースその1は、ここに置く。

突っ張り棒があったので、洗濯物干しに。

ソファベッドはソファとしてのみ使うことに。(向きを変えた)

工夫

キッチン下の扉もフル活用。

「即席のタオル掛け」　「ゴミ袋」

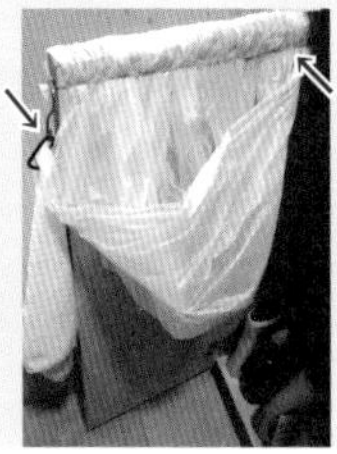

S字フック+カラビナで。

輪ゴムで留める。

リュックは置くところがないので、玄関のドアノブに掛ける。

机2つは、壁にくっつけて小物置き兼食卓として使う。

←ゴミ箱
スーツケースその2

もちろん下も、有効活用。

3分の1?

こんなに狭いのは、たぶん、1軒をムリヤリ3つに分け改装してるから?その証拠に、隣の話し声が安アパート並みに丸聞こえ。

スナック菓子の咀嚼音が…

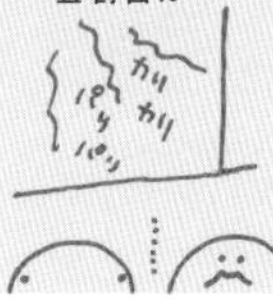
カリ
カリ
パリ
パリ

おもてなし

狭い以外は、よい宿でした。最低限揃った食器、きれいなシーツ、何枚もの白タオル。そして、テーブルの上に、お菓子と、手書きのウエルカムカードがありましたし。

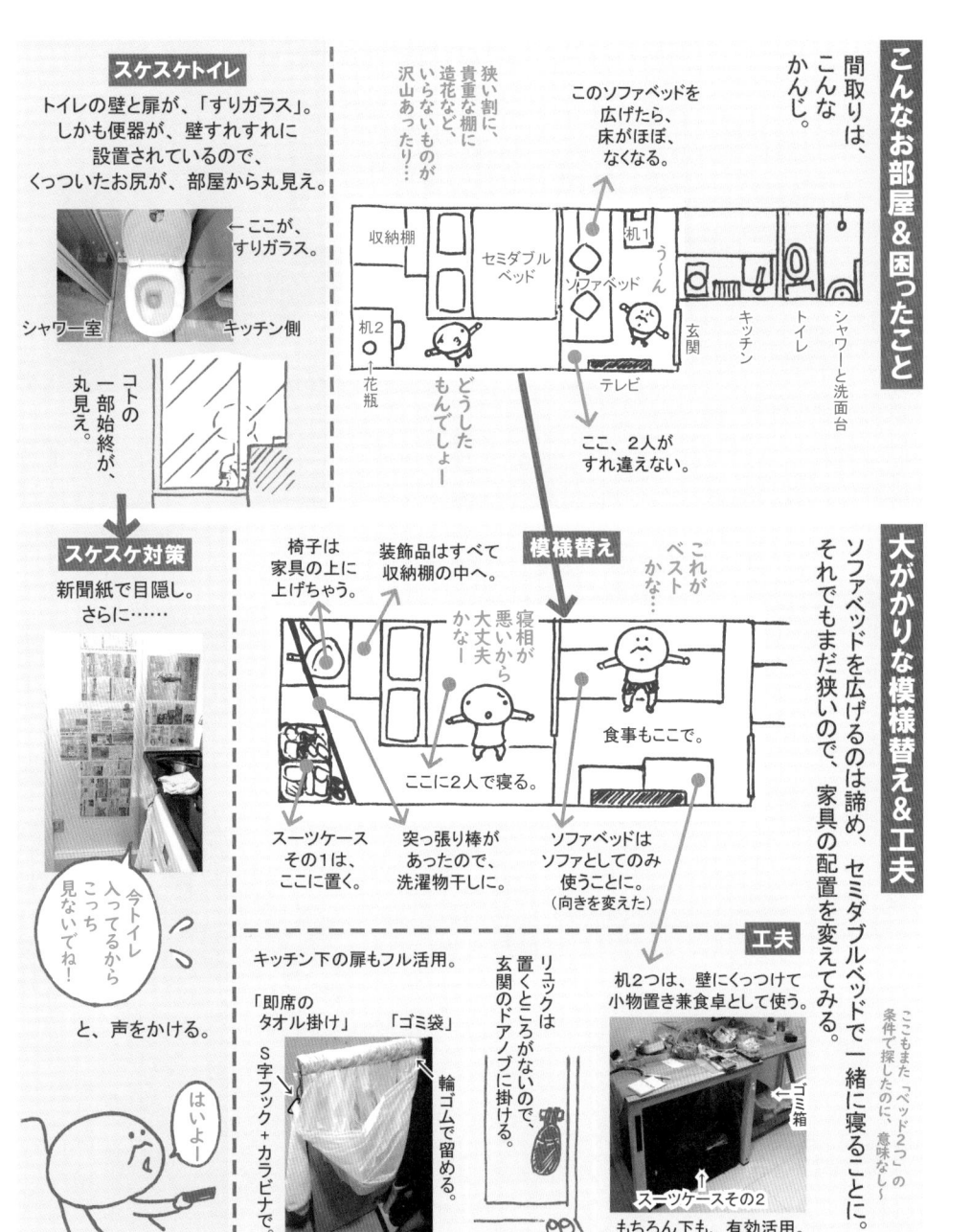

ここの環境と生活

キッチン。狭いけど、設備や道具は揃ってるよ

さあ、新しい部屋での生活を始めよう。
ここでの暮らしはどんなかな。

この宿を選んだ決め手

坂の上のほうには、同じ金額で、もっといい宿があるんだけど、レビューを読むと「坂を8分歩くのは大変」ってある。

間取りは魅力的だけど、立地を優先したほうがいいよね……。

カチャ
カチャ
↑
宿選びの時。

便利なところ

ここは、繁華街のすぐそば。バス、地下鉄、トラム……選び放題。夜遅くまでやっている食堂も多い。

ここから○○へは、バスでもトロリーでも行けるみたいよ
やっぱり、宿は立地で選んでよかった

不便なところ

中心地すぎるからか、近くにスーパーがなかった。
(コンビニはある)
そして、食堂の人が、ことごとくスレていた。

何?
何って……
今朝までいたお葬式通りが、もう懐かしい……

しみじみうれしいこと

ある日、自分たちの部屋を、外側から探してみた。

ずっと、中に入ってみたかった、香港の古いマンション。
今、私たちは、この中に住んでいるんだね……。
そんな体験ができるのは、民泊ならでは、かも。

1、2、3、4、5、6、7、8…窓のかんじからすると……
あの辺りだね!

1つのベッドで

ベッドを占領しないように、
そして寝返りで相手を起こさないように、
気をつかいながら。

壁にぺったり。
落ちそう。

キケンなシャワー

シャワールームも狭いので、油断すると
お尻で温度調節のレバーを動かしてしまう。

あぢ〜!!

ここでも部屋ごはん

この部屋でも、よく料理をしました。

入れるよ～
あいよ～

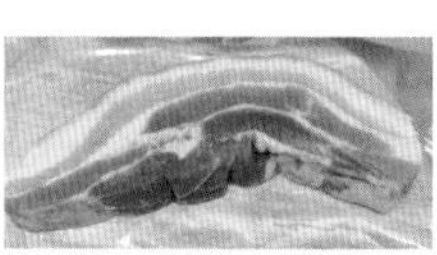

豚肉のカタマリ、食用油、エビ麺。

珍しい野菜を
買って
きたよ。

この丸い野菜は、「介蘭菜」という。カイランの根元の部分なのかな？

「田七苗」という豆苗みたいな葉っぱ。食感はヌルッとしてる。

カイランは、豚バラ肉と炒めよう。

1cmくらいに切って炒めてみた。かたい大根みたいな食感。

ソファと机なので、ちょっと食べにくいけど。

楽しい毎日

さらに実感

自分たちの部屋が、もっと確実に見つけられるよう、カーテンを斜めにしたりなど、目印をつけておく。

あっ
あの窓だよね
あそこで
暮らしてるの
かぁ

小さなお楽しみ。

ちょっと不便

位置が高すぎて、自分たちが映らない鏡。ソファに立って、身支度。

けがの功名？

製氷皿がなかったので、「お椀」で氷を作った。ある日、（ナース）がヤケドしたので そのお椀を渡してみると……

ナースみどり
ひんやり
なにこれ
ジャストフィット

最後の日まで

部屋に入るまでに必要な、3つの暗証番号。最後まで覚えられなかった。

毎回、自信満々で間違える。

568
…と
惜しい。
586
…ね

「快適」より、「ちょっと不便なのを工夫で乗り切る」ことに、ヨロコビを感じる性分なので、振り返れば、こんなに楽しい宿は、なかったと思う。

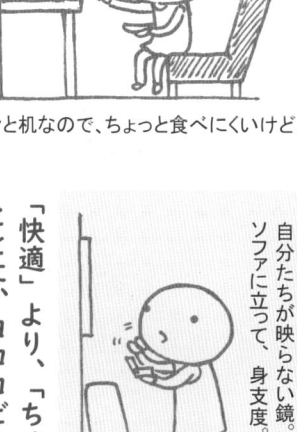

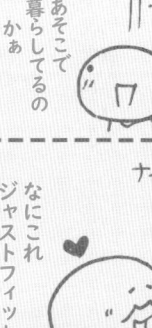

大坑《ダーイハン》、低い町

宿から歩いて大坑という町へ。
もともと自動車修理工場が多かった町とのこと。
今はその合間に、日本料理店や雑貨屋が点在している。
細めの通りに3～6階建ての小さなビルが並ぶさまは、高層ビルばかりの香港では、異質の存在だ。
でもなぜか落ち着く……
そうだ、東京の下町に似てるんだ。

町の印象

開発を免れた町ということで、建物は古く、味わいがある。

昭和初期っぽい♡

この窓かわいい

壁面の風合いと、全体の形がいいね

植物の緑も効いてる

こんな低いビル久々に見たよ

窓枠は木製っぽいね

1階はリノベ中かな？

路地を利用した食堂もあった。

でも、店自体は、興味深いものがあまり見つけられなかった。
古い建物を生かしてないような…

もっと、もともとの建物の味を生かしたデザインにすればいいのに……

雰囲気が合ってないかも…

見上げるといい味の建物なのにな

その中でも、面白いお店が。
金物屋、「金社」。

買ったものはP125に。

蓮花宮

小さくて、かわいらしいお寺。

八角形のお堂。

居合わせたカップルが、お参りの仕方を教えてくれた。

こうして、先に鐘をついて、それから……
おぉ！ありがとうございます！

中に巨石が。ここに舞い降りた観音様を祀ったのが始まりだそう。

散歩におすすめの町です。

香港マラソン（見るだけ）

LANCOME

せっかくなので、
香港マラソンを見に行こう。

でも
スタート地点は、
人がごった返していて、
スリ多発や
将棋倒しのキケンなど、
近寄らないほうがよいという
情報も。

そうだ、
ゴール地点はどうだろう？

ゴール地点で

ゴールは、
香港島のヴィクトリアパーク。

ここで見て正解だね
おつかれさまー
パチパチ

走り終わった人たち。
くつろいだり、写真を撮り合ったり。

ラスト1km 地点で

そのうち、町の中を走っている様子が見たくなり、
ゴールから さかのぼってみることに。
途中、規制がかかっていて思うように進めず、大まわりして、
なんとか銅鑼灣の、そごう辺りへ、たどり着いた。

歩道橋から望む。（立ち止まるのは禁止なので、歩きながらパッと撮影）

→トラムは運行中。
壮観だね
おぉ〜
SUN

さらに進むと、「ラスト1km」の表示があった。

Last 1 km
SEIKO 精工表
5:51:25
Last 1 KM
最後1公里
てことは、
フルマラソンの人は
ここまで約41km
走ってきたんだね

加油（がんばれ）〜

つい、知り合いでもいるかのような応援。

見るだけ参加、でした。

飲茶

座る戦い、動かぬワゴン

〈蓮香樓《リンヒョンラウ》〉（現　蓮香茶室《リンヒョンチャーサッ》）

7品　232元

地元客や香港通が通う老舗。古き良き飲茶樓……って、この大混雑までは、古き良きではないですよね？早く行かないと満席になるとは聞いていたが、ここまでとは……昼前に、満席どころか満フロア。とても食事処には見えない。しかも、席は自分で確保するスタイルのようで、要領がわからない私たちは、あとから来る人に次々追い越され、いつまで経っても座れない。結局、その日は断念し、翌朝10時前に来てみたが……

満員電車に円卓を並べたみたいな光景

通路に人が溢れ、ワゴンがまわれない状態。
（なので、1ヵ所に固定され、そこに客が向かう方式に）

すでに、前日の9割ほどの客がいた。これでも遅かったか……

食事をする人の背後には、威圧するかのように、席を待つ客が立つ。気が進まないが、私たちもそれにならうしかないようだ。しかし、「食べ終わりそうな人」を見極めるのは至難の業だ。なぜなら……

●通常の食堂なら伝票を持って立ち上がる＝食事終了…だが、飲茶では、点心を取りに行く時も同じなので、紛らわしい。

●目の前にある蒸籠が空っぽな人＝食事終了…かと思うと、前の客のものが下げられていないだけ、という場合もある。

●空の蒸籠がその客のものだとしても、「飲茶」なのだから、新聞を読みながら　ゆっくりお茶を飲む常連のおじいさんや、ちょっと休憩して、また食事を再開するつもりのおばあさんに、席を譲ってとは言えない……

でもそうやって躊躇していると、要領のいい人がどんどん座っていく。

立ち続ける…

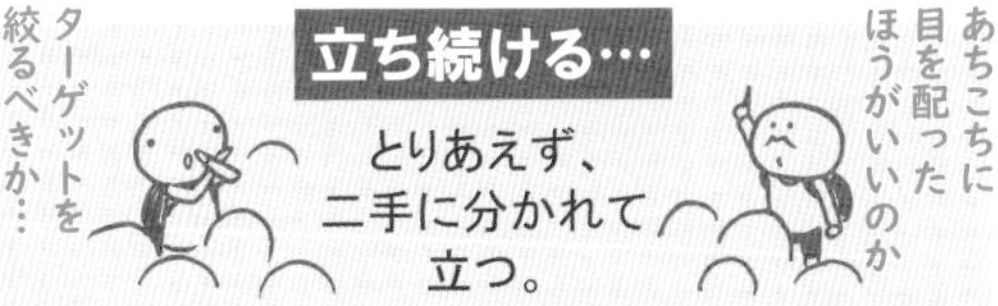

あちこちに目を配ったほうがいいのか
ターゲットを絞るべきか…

とりあえず、二手に分かれて立つ。

お、空《あ》いた！と思うと、点心を手に、戻ってきた……

数分後、今度こそ空いたかも、いや、でも違うか？……とモンモンとしていると……結局、他の人に座られてしまう。

空の蒸籠の前に座っている客。食べ終わったのか、それとも……などと観察していると、そこへ、慣れたかんじのおばさんがやってきて、その客に「食べ終わったのか？」と聞き、さくっと席ゲット。

そうか、ただ待っててもダメなんだ。聞けばいいんだな。……と、ターゲットを絞り、話しかけるタイミングを待つ。

するとそこにおばさん②がやってきて、まだ食事中の客に向かって、「そこ空いたらワタシ座るからよろしくね」と、ありえない予約を入れる……

地元民っぽいおじさんの横に立ってみるが……おじさんは、食事が終わる頃、ギャラリーの中に知り合いを見つけ、そこに座らせた……これはエンドレスに空かないぞ……

そうだ、観光客（とくにツアー客）なら、きっとこのあと予定があるだろうから長居はしないはず、とその近くに立つ……

＊あとで調べたら、朝6時に開店し、7時には席が埋まり、9時には観光客が押し寄せ、この状態になってしまうそうだ。

待てば座れるというシステムならば、いくらでも待つけど……
希望も見いだせないこの混雑ぶりに身も心も萎え、諦めかけたその時、目の前に、帰る動きを見せた客が……
あぁ!! やっと…………!

座れてからも苦難

40分立ち続け、奇跡的に座れた。しかしテーブルを片づけてもらうまでさらに10分。（その間「食べ終わったなら席を譲れ」と、何人にも言われ、うんざり）
さ、やっと飲茶開始。
厨房からワゴンが現れると、バーゲン会場のように人が群がる。

自分たちも伝票を手に駆け寄るが、近づくことさえ困難な、人だかり。……やっと蒸籠が見えてくる。
……が、欲しかった料理じゃない……
いや、そんなこと言ってられない。
何でもいいから取っておかないと……

伝票
店員さん
この奥にワゴンが。

食べ始めて20分。後ろに立つおばさんが、舌打ち＆わざとらしいため息をつき、私たちを威圧してくる。
無視していると、こちらの顔を覗き込み、人さし指を向けて言う。

あなたたち、食べるのが遅い！
こっちは待ってるんだからとっとと席空けてよ
（たぶんそんなようなことを言っている）
私たちは、このテーブルで一番最後に座ったし、そもそもおばさんは今来たばかりでそんな事情も知らないのに……
ナメられてる？
ターゲットにされてるのかな
でも反論する語学力がない……

困惑していると、隣の紳士が助けてくれました。

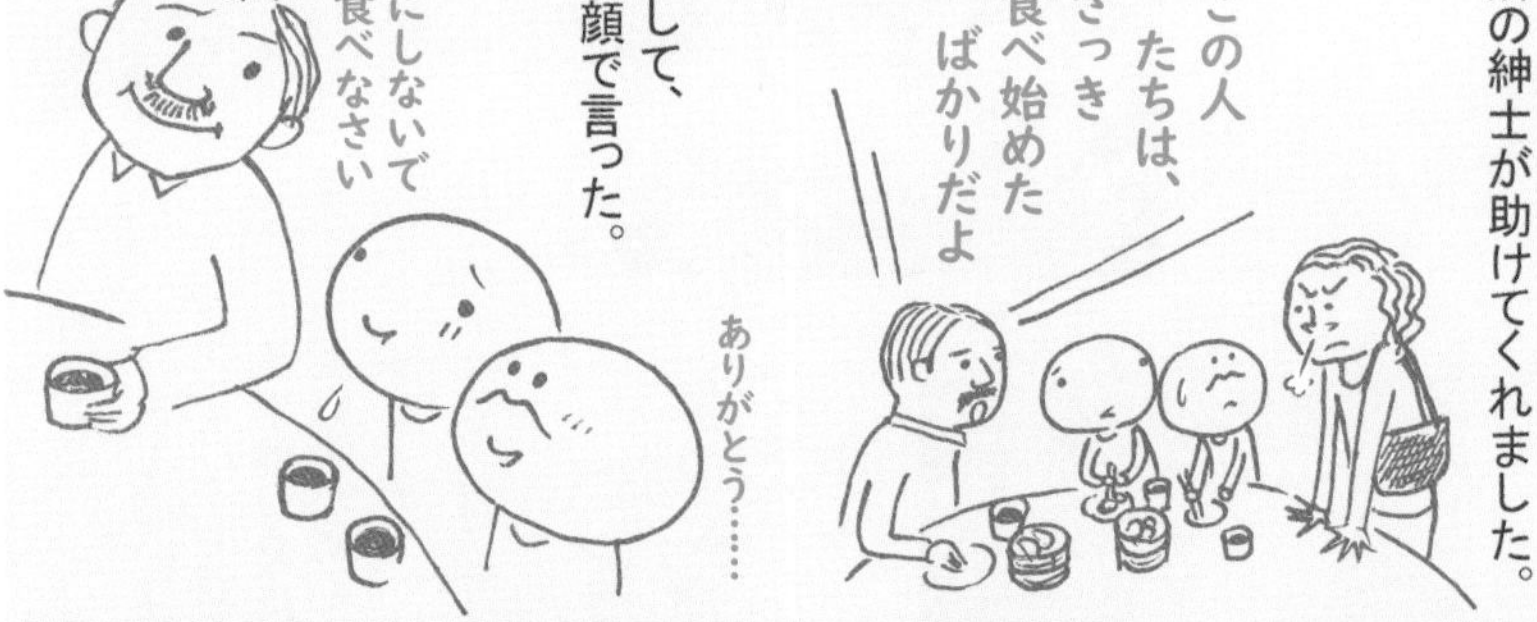
この人たちは、さっき食べ始めたばかりだよ
そして、笑顔で言った。
気にしないで食べなさい
ありがとう……

疲れたし、お目当ての料理も食べられなかったけど……（とくにエビ蒸し餃子）。この方のおかげで、すべてが面白い経験だったと思えました。感謝。

フツーに肉まん？

と思ったら、中に骨付きの鶏肉が。

お椀入り大根餅？

干しエビと椎茸のダシたっぷり。

ぷっくり椎茸。

その下に、肉団子が隠れてた。

肉の湯葉包み。

湯葉がちょっとかためでした。

続・香港の印象

香港はじめての私たちの、
最初の印象、
素朴な感想、
小さな疑問。

謎の女性たち

ある日、町なかに、
イスラム系の若い女性が
溢れていた。
歩道に堂々とシートを敷き、
5人1組くらいで座っている。
お菓子を食べながら
おしゃべりしてる。
まるでピクニックみたいに。

食べる人、しゃべる人、ギターを弾く人、
寝転がる人…………自由すぎる。

な、なんだ なんだ？

別の日に
見かけたのは、
アジア系の女性たち。
大きな荷物を
道に広げたり、
持ち寄った料理を
食べたり。
何百、
いや何千人？
公園はもちろん、
歩道も、
お店のまわりも、
埋め尽くされている。

でもこの
荷物の山は
なんだろう……
時々、
コンテナ車に
詰め込まれて
いくのを見かけた。

故郷への
お土産にしては
多すぎる
よね……

歩道で堂々と
荷物を広げている。

3週めに
気づいた。
それがいつも
日曜日だと
いうことに。
そしてわかった。
彼女らは、
お手伝いさんや、
ベビーシッターさんなんだ。

休日、こうやって
同郷の人と過ごしているんだって

物価が高い

とくに高いと
感じたのが、
「食」がらみ。

↓
宿は先払いだったし、
交通費はICカードなので
金額がよくわからない

そして日々使うのは、
9割方 食べ物なので

外食も高いけど、
スーパーで買うような
基本的な食品も高くて、
買い物があんまり
楽しくない。
たとえば……

1元＝15円くらい

- ◆水（1.5L） 11 ～ 15 元
- ◆ポカリ（1.5L） 19 ～ 20 元
- ◆出前一丁（袋麺） 4.5 元
- ◆野菜（一束） 10 ～ 15 元
- ◆豚バラ肉（100g） 17 元

↑
お肉は、北角の市場でこの値段。
スーパーは、もっと高い。

現金払いで、ほっ

「現金を使う人は、
ほとんどいない。
みんな、スマホ決済」
…という情報があり、
ビビっていたが、
どこも現金ＯＫでした。
交通系ＩＣカード
「オクトパス」が
使える店も多かった。

あと、
お札も
きれいでした

支払いは
オクトパスで

トイレ事情

きれいなとこ、汚いとこ、いろいろあったけど……
総じて、「狭い」ところが多かった。

狭いうえに、なぜか内側に開く扉が多く……

ちなみに、トイレットペーパーの質はよかった

どう気をつけても、あちこちに触れちゃう。
扉に、壁に、便器に……

ある時出会った、扉が「折れる」ようになってるトイレ。

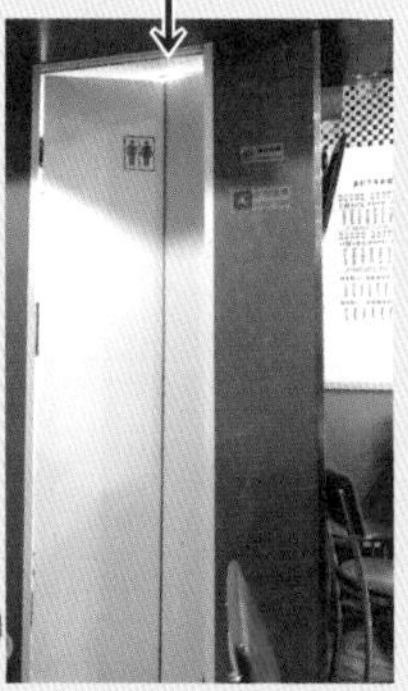

これだけでも、相当助かる。
ぜひ全部これで～

タバコ天国

路上喫煙がヒドイ。知る限り、一番。

漢方や長寿国のイメージがあって、健康に気をつかってる人が多いと思っていたから、余計にショック。

歩きタバコ、ポイ捨てもどうかと思うけど、とくにヒドイと思うのは、横断歩道の脇やバス停に灰皿が置いてあることだ。

……逃れようがない。普通以上に煙を浴びる仕組み。

この理由だけで、香港再訪をためらうくらい、煙、煙、煙。

でも、このことを、香港に何回も通ってる友人（タバコ吸わない人）に話したら、「あぁ……そういえばそうかな～」という、薄い反応。

印象って、人によってこんなにも違うんだと、これまた衝撃。

ゲホ　ゲホ

ゴミ箱兼灰皿。

信号待ちの人が吸うから、ずっと煙い。そして、ちゃんと火を消さない人が多いのか、常にここから煙が出ている。

この「オレンジ」あるところに「煙」あり！

バス停の、この場所に置くか？

ミニチュアが売ってた。

まじか

まだまだ

台日式

「台日式」という文字。レストラン名や料理名、商品名でよく見かける。

台湾と日本を好きでいてくれる気がして、うれしい。

イチゴが…

スーパーで売ってるイチゴ、日本のものにそっくりなのに日本産じゃない！

む～……

そして、香港の物価にしては安価で売られている。

英語が…

思った以上に通じなかった。

大陸出身の人が増えているのかな。

以上、とりとめのない感想でした。

夜景、どこから見る？

ここからの夜景は手前の高層マンションがアクセントになってるね
ヴィクトリアピークの獅子亭からの眺め。

「はじめての香港なら、やっぱり夜景を見ないとね」
香港通Kのおすすめは、
①高層ホテルの部屋から見る
②夜景の見えるレストランを予約して……

どちらも、私たちには少々ハードルが高く……
結局、人混みの中でぴょんぴょん飛び跳ねながら、百万ドルより
ちょっとお安めな、私たちの夜景観賞。

Ｐ５の地図と連動してます。→

1 尖沙咀《チムシャツォイ》（フェリー乗り場近く）から

九龍半島突端の、フェリー乗り場辺りまで、来てみたはいいが、夜景が見えない！

どーしよどーしよ、始まっちゃうよっ
ここじゃないのか？
みんなどこで見てるんだろ？

その辺のお店や観光案内の人に「夜景の写真」を見せると、みな、瞬間的に、同じ方向を指す。

はっ
あっちあっち！
あの～……

もう始まるから、急げ！
はい！
ありがとです！

みなさんが指す方向に小走りし……
見えてきた、はじめての香港の夜景。

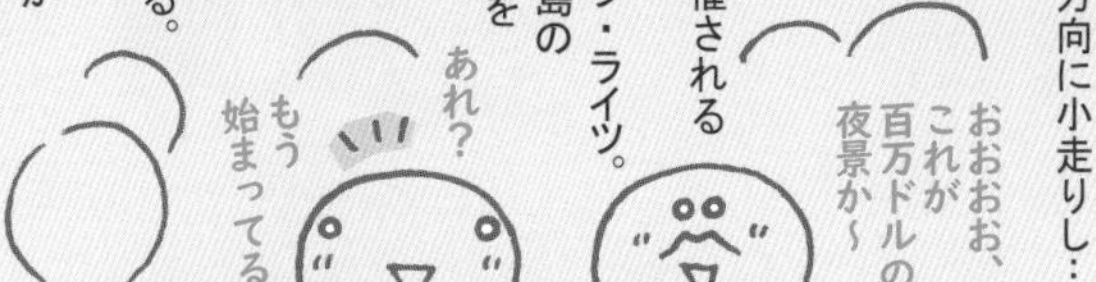
おおおお、これが百万ドルの夜景か～
あれ？もう始まってる？

始まっちゃう、っていうのは、毎晩8時から開催される音と光のショー、シンフォニー・オブ・ライツ。
向こう岸、香港島のイルミネーションを観賞する。

いろんな色が、現れては消える。
ビルの表面に、電光の滝が流れる。
カラフルなレーザービームが夜空をかきまわす……
そのすべてが海面にも映し出され、光は上下に分かれ、輝いている。

一心に見ていると、いつのまにか、通常のビルの夜景に戻っていた。
人も方々へ散っていく。

終わったのか？
あれ？

2 尖沙咀（ちょっと東）から

数日後、また見に来てみた。
前回とは違うアングルで見ようと少し東へ場所を変えてみると……
数倍の人混み。人垣のスキマから、どーにかこーにか観賞。

なんでだろ？
こっちのほうがよく見えるってことなのかな

……なんて話していると、

ダダーーンッ！

突然、大音量の音楽が流れ始めた。
その旋律や強弱に合わせて、光が動く。

終わった……

音に迫力があるとコーフンするねぇ
こっちに人が多いのも、そういうわけかー

そして気づいた。

そっか、この前は音が聞こえなかったから始まりも終わりもわかんなかったのかぁ！

音って、大事なんだね。

3 スターフェリーから

九龍半島と香港島を結ぶ渡し船。
これに乗れば、約6分間、座って、夜景を観賞できる。
船の窓枠が、額縁みたい。
風も感じて、優雅な気分。

船の向きが変わると「絵」も変わっていく。

ツアーやクルーズなどもあるらしいけど、これなら50円以下。

4 ヴィクトリアピークから

ここから見る夜景は、眼下の香港島と対岸の九龍半島、つまり、香港全部！

その奥に、もっと眺めのよいスポットがあるとの情報。
真っ暗な山道を、ライトで足元を照らしながら、20分ほど進む。

不気味な道……
ほんとにここで合ってるのかな……

実際はもっと真っ暗です。

徐々に木々が途切れ、眼下に灯りが見えてきた。
そこに広がる夜景は、確かに美しく、三脚に大型カメラを設置した、準備万端な人たちが、8時のショーを待っていた。
私たちもその横で、カメラを構える。しかしふと、先日の「音がない光のショー」が、頭をよぎる。

……予感的中、ここも音が届かないので、ショーの「始まり」がわからない。カメラマンたちは、撮り始めるタイミングを逸した様子。

さらに「終わり」もよくわからないので、カメラをしまうべきかためらい、立ち尽くしているように見える。

みな内面は、動揺してたり、ガッカリしてるのに、表情には出さないようにしてるかんじが……

なにが？
予定どおりだし
知ってたし
ちゃんと撮れたし
余韻を楽しんでるだけだし

ガスっていたが、獅子亭より高台なので、海もよく見える。

5 香港摩天輪（観覧車）から

いつも夜景の一部として見ていた、観覧車。今日は、その「中」から夜景を見る。

地上 60 m＝ほどよい高さなので、ガスってない、迫力ある夜景を楽しめる。

8人乗りの広いゴンドラ。
速めの速度で3周してくれる。
鳥が飛ぶくらいの躍動感と、てっぺんが3度来るお得感。

乗り合わせた地元民と撮影ポイントの譲り合い。

こっち側で撮りますか？
よかったらどうぞ
えっ
ありがとう！

降りてからは、観覧車を眺めながらの晩餐。

この夜景もいいね

香港おでん。

夜景堪能～

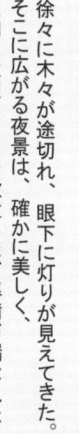

ミニバスと香港の人々

＊文中の路線とは違うバスです。

マイクロバスを使用した、
定員十数名ほどの
小さなバス。
2階建てバスが
走らないルートを
補うような存在らしい。

なぜ
このミニバスに、
こんなにページを
割くのかと
いいますと……

理由は、車内にあり

ミニバスにもいろいろあるらしいが、私たちがよく乗っていた路線は、停留所が決まっていないものだった。

乗客は、降りたい場所に近づくと、大きな声で、運転手に伝える。

私たちにその芸当はムリなので、あらかじめ、メモ帳に目的地を書いておき、乗る前に運転手に見せる。

＊降車ボタン付きバスもある。

ある日の夜9時近く、丘の上にあるホテルに戻るため、ミニバスを止めた。

ヒア、オッケー？
（ここ通りますか？）
オッケー
オッケー
↑ホテル名。

発音がわからないので漢字を書いて見せる。

任せとけ、というような
ニコニコ顔の運転手。

まわりの乗客は、
「ん？こんなローカルバスに
ガイコクジンが乗ってきたぞ」
というような顔をしている。
（実際は、無表情）
でも、さりげなく私たちの
メモを覗き込む視線も感じる。

しばらく経った頃……
乗客たちが、なんとなくそわそわと、
こちらを見ている気がした。
運転手になにか話しかけている人もいる。
そして運転手が叫んだ。

どうやら、
私たちが降りる場所のようだ。

○×▼！

降りたあと、車内に目をやると、
運転手も乗客も、気のせいか
ひと仕事終えたような顔をしていた。

ミニバスの中は、
いつもこんなふうに
見えない優しさが充満していた。

なんでだろ。
昼間の町歩きでは味わえなかった雰囲気……

……あ、そうか。
このバスに乗ってる人たちは、オフィスで働く、
フツーの香港市民。観光地をまわる私たちが
日頃接しているのは、観光客相手の人たちだった。

誰ともなく、
手を振ってしまう。

というわけで、ミニバスは、
その仕組みと、出会う人たちとの相乗効果で、
私たちが、最も、「香港の人と触れ合えた」
と、思えた場所なのでした。

ね

親切な運転手さん①

降りたあと、目的地の方向を教えてくれた。

あっち！
あっちへ行くんだよ～

親切な運転手さん②

行きたい場所がうまく言えなくても、怒らずに根気よく聞いてくれ、道中も、赤信号のたびに振り返り、気にかけてくれた。

「コワモテに満面の笑み」が、ステキすぎたおじさん。

（あと2駅だよ）

キュートな運転手さん

もうもうもう、超かわいい運転手さん。乗って、メモを見せたとたん、

○×▼？
りょーうかーい！
なっ……

ずっと、歌う口調で話してる。とっても楽しそうに仕事してる。最高！

優しい乗客

同じ場所で降りた女性。道を渡る時、私たちの手を取り、連れていってくれた。

このカーブが
危ないのよ

本当は、彼女が降りる場所は、もっと先だったんじゃないかと、あとで思った。

ミニバスの謎

なぜ、こんなローカルなバスを乗りこなせたかというと……これも、地図アプリの「ルート検索」で出てきたから。

でも不思議なのは、そのバスの番号が、停留所には、表示されてなかったりしたこと。バス停にも書かれていないバスを把握してる地図アプリ……すごい。

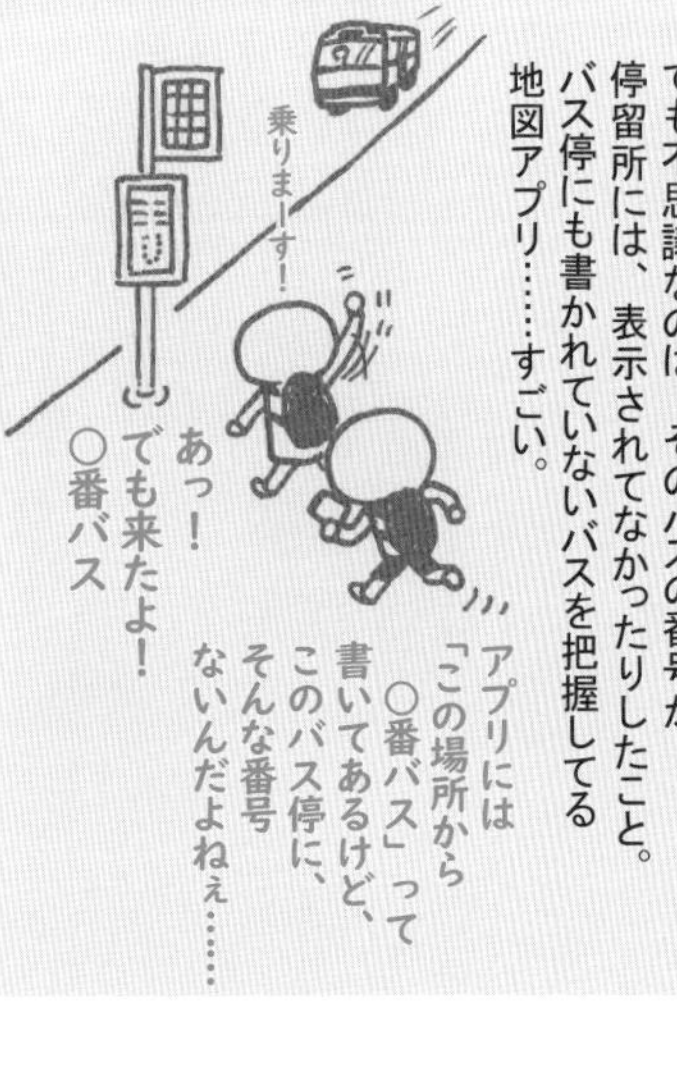
乗りまーす！
あっ！
でも来たよ！
○番バス
アプリには
「この場所から
○番バス」って
書いてあるけど、
このバス停に、
そんな番号
ないんだよねぇ……

悲しい仕組み

定員制なので、時間帯や場所によっては、来るバス、来るバス、満員で、40分以上も乗れないこともあった。

ズル
えー、
またぁ？
これ、
このバス停からじゃ
永遠に
乗れないんじゃ……？

ミニバスの中は、小さな香港。

灣仔《ワンチャイ》、建物と路地巡り

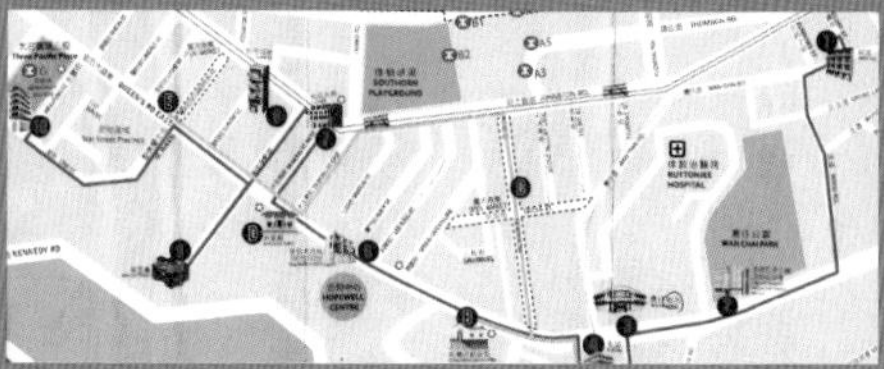

地図で見ると、灣仔には
路地のような細い道が多い。
また、
「灣仔ヘリテージトレイル」
なる、歴史的建造物を巡る
コースもあるらしい。

「路地」と
「古い建物」ですと!?

もう、
丸一日、
この町に捧げましょう。

＊ヘリテージ＝遺産、伝統

古い建物巡り

資料片手に歩いてみよう。

わくわくする〜♪

あれ？ ここにあるはずなんだけどな

現地でもらった地図。

出発前にダウンロードした、見どころガイド。

でも、なぜか建物が見つけられなかったり……

取り壊しちゃった？

ちょっと肩透かしだったり……

え、これだけ？

橙屋

これって……

藍屋

あんまり味わいを感じないなあ…

黄屋

……中に入れないのかな？

香港故事館（藍屋内）

展示物が少なく、ちとガッカリ。でも、ここで流していた映像「リノベ前の建物の内部」は、貴重な資料、見応えあり。

マンション型のポスト、かわいい。

元郵政局

ちょっと修復しすぎかなー

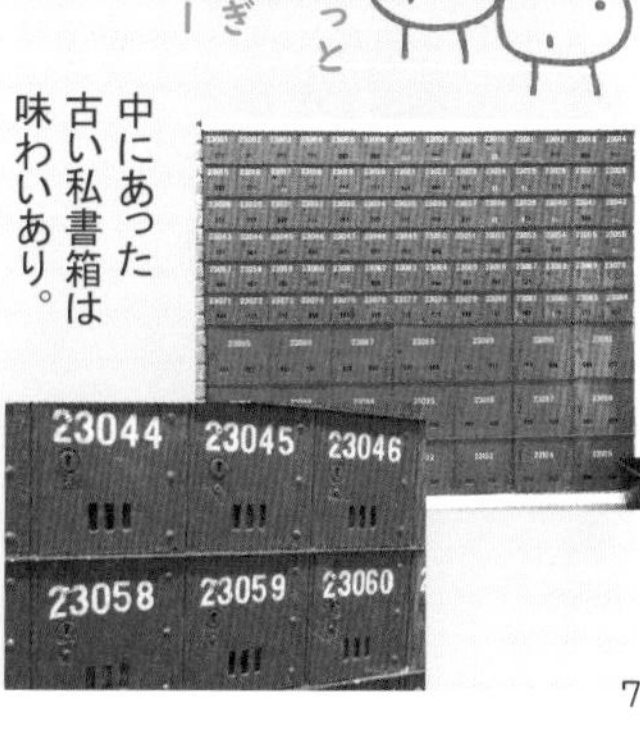

中にあった古い私書箱は味わいあり。

最後に、大通り沿いで、
（やっと）ステキな建物を発見……

元質屋

質屋（押）だった建物。
今はオシャレなレストランやバーに。
でもその左下には、ちゃんと
質屋の面影を残してありました。

うわ、この雰囲気ぞくぞくするぅ

通りをぐるぐる

細い道、ほぼすべて歩いてみたが、路地というより普通の道だった。商店街だったり、オフィスがあったり。通りごとに、雰囲気も歩く人も違うのは、面白かったけど。

ヘリテージ感は……

あんまりないね

賑わいの通り

日曜日だからか、買い物客でごった返していた。

あ、このお店、「暦」売ってそう

詳しくはP85

歩道に、かわいい食卓のイラストが。

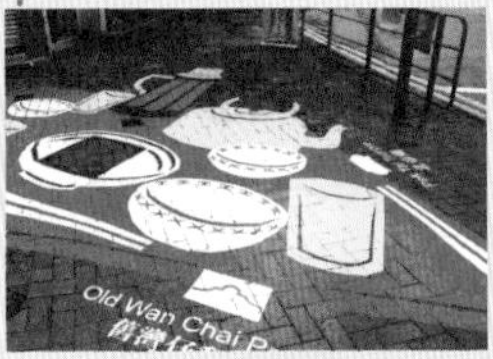

オシャレパン屋

垢ぬけたパン屋さん発見。どれも、変わった見ためで魅力的。価格もお手頃。

でも、期待ほど垢ぬけた味ではなかった。

迷っちゃう

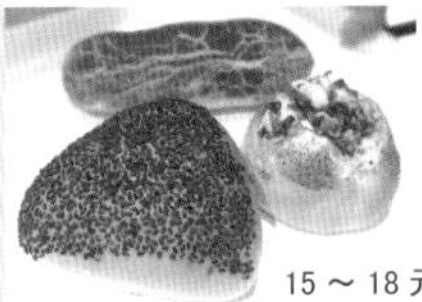

15～18元

何のしっぽ？

肉屋の軒先に吊るされていた、毛むくじゃらの……しっぽ？

聞いてみたけど言葉がわからず、謎のまま……

これは牛だという人もいた。

豚でも牛でもないよねぇ

ラクダ？

不思議な空間

道の合間に、公園らしき空間があった。ここで、リノベ物件らしきものを発見。

入れるのかなと近寄ってみたら、……ん？ハリボテ？

奥行きがない。（わかりにくい写真ですみません）

生け垣にパンダが隠れてた。

星街

ステキな名前の町。そこにあるお店もカッコイイ。行き止まりが多いなど、道のつくりも個性的な一角でした。

この界隈には「路地」を感じるね～

どの店も欧米人が多かった。

利東街

「レトロな町並みを再現」とのことだが、実際は、テーマパークのようなピカピカなストリート。

リートン・アベニュー♪

残念だったのは、どしゃぶりだったのと、着いた3分後に、灯りが消えたこと。

無数の赤ちょうちんが楽しい。

真っ暗……

ザー

来るの5分遅かった～

あちこち食べ物屋さん

インスタント麺も立派な外食料理。

香港には、お金を出せばおいしいもの、最高なものが沢山あるんだと思う。天井知らずに。

一方日本は、コンビニでも庶民のチェーン店でもそこそこおいしい。「底」のレベルが高いというか。

これからのお話は、安いお店しか行けない貧乏旅行者の視点だということを、先に言い訳しておきます。

旅のごはん

価値観は人それぞれ。

私たちの場合は、「おいしい」はもちろん好きだけど、「安い」も好き。

高くておいしいのがあたりまえだとしたら、それは、そんなに楽しくない。←負け惜しみ？

「面白い」も好き。変わってる、とか見たことない、とかなにこれ？とか、そういうの。

おいしくても、面白いがなかったらちょっと物足りない。

反対に、おいしくなくても、面白いなら許せる。

それが、私たちにとっての旅のごはん。

なにコレ、正体不明
コワ～イ
でも食べちゃう～

34 元

香港に着いて、最初に食べたのは、エビのワンタンメン。

20 元
25 元

おこわとお粥。半分こして食べる。

お粥は、お財布にも胃にもダイエッターにも優しいね。

37 元

21 元

レンゲですくうと、中から具が、もりもり浮いてくる。

7元x2

夜遅くに入った小さな食堂。肉まんの皮がふやけてた。

チェーンぽい店にあった、珍しいチキンフライ丼。

51 元

「すごくお腹すいてる」って言ったら、これを勧められた。

88 元

豚バラをとろとろになるまで蒸し煮した〈梅菜扣肉〉なる料理。

10 元

深圳の屋台街で食べた串。〈里背肉〉（ヒレのことらしい）。

テントみたいなお店

屋台の項（P53）でちょっと紹介したお店。

お店に入るきっかけは、そこからにおい立つ「空気」だ。

蛍光灯の青白い光、色褪せた看板、
年季の入ったメニュー、安っぽい椅子、
ニンニクの香り、立ち上る湯気、
カタマリになって飛んでくる、客の笑い声。

一瞬ひるむが、
好奇心のほうが勝る時、
自分の足は、進んでいる。

わぁ…♡

ああ、なんて、
中を「覗きたくなる」
入り口なんだろう。

この店との出会いも、
まさにそんなかんじ。

まず、
店の外のテーブルと
赤い小さな椅子に
引き寄せられ……

源記海鮮飯店
源記
フラフラ〜

中は、まるで屋外の雰囲気。
地元の客でいっぱいで、
これは、いい店に違いない。

やっぱり「いい店」だった！
なぜならビールが、キンキンに冷えている。（　基準）

→ビンが凍ってる。
TSINGTAO
TSINGTAO BEER
青島啤酒

シャコはまず、ここをめくって……
なにこの野菜、おいしい！
芥蘭って名前なんだ、おぼえとこ！

シャコ料理。ニンニクが効いてる。

これが「カイラン」との出会いだった。

カンがはずれることもあるけど、
それもまた、面白い体験。
勇気を出して、ガイドブックに
載っていない店に入ってみよう。

食べ物屋さんのお話は、P92に続きます〜

P92に続きます

＊佐敦の廟街近くで見つけた店ですが、これを書く時調べたら、「閉鎖」となっていました。

トラムで小旅行

路面電車が走る町を訪れるとテンションが上がる。
それも、ここ香港では、すべてが2階建て。
2階の先頭の席は、それはもう、いい眺め。
そびえたつ両側のビルを、ど真ん中から高みの見物。

佛手
124

ロンドンバスっぽい。

2階の先頭からの目線。ビルを切り裂くように進んでいく。

cody

駅に停車中のトラム。

2階建て♡
行き交う姿もかわいいし、乗った眺めも楽しいし。

2階の先頭席。残念、今回は先客が～
でも、おじさんたちも、無邪気に楽しんでいるようでした。

窓が開けられるから風がきもちいいんだよ～
ハワイのトロリーといい勝負だな～
振動でちょっとお尻が痛いけど

トラムってこんな

のんびりしてる
ゆっくり走るので、風景がよく見える。写真も撮りやすい。

45
JAZZ CLASSICAL BALLET

味があるよ
木製の、古い車体が多い。ギーギーと音がするのも、またいい味わい。

安いぞ
どこまで乗っても2.8元。物価の高い香港で、庶民の味方。

2542 2172
158

降りにくいな
階段が急。キケンだし、混んでいると、降りるのに時間がかかる。

カラフルだ
デザインがいろいろで楽しい。

Stars of Hong Kong

50円観光

どこまで乗っても同一価格。それなら終点まで乗ってみよう。

いつ降りるか気にしないで乗るって、思った以上に観光気分が高まる。

先頭の席、空《あ》かないかな～

端から端までの旅

まずは、東の終点に到着。庶民的な市場がありました。

線路の最後は、「ループ」になっていた。

なるほど。これなら向きを変えなくてすむもんね

風がにおいを運んでくる。食べ物屋さん、香水のにおい、海が近づけば、潮のにおい。

そこから、今度は西の終点まで乗ってみることに。庶民の町、高層ビル群、繁華街……と風景が、においが、移り変わっていく。約2時間の小旅行。

ZZZ

DRAW HK

写真を撮ったり、メモをとったり、のんびり景色を見たり、うとうとしたり。

道の真ん中を走るので、歩くよりも町の雰囲気を感じやすいと思う。

渋滞知らず。のんびりとマイペースで進むトラム。

↑時々トラム同士で詰まっていることはあるけど。

西の終点は、オシャレなバーなどが多い、海辺の町だった。

すっかり夜だね

帰りは、トラムの速度だと、夜中になっちゃいそうなので……バスにしました。

ちょっと待ってのワケ

出発を待つトラムの運転手に質問しようと声をかけたら………

と、強く制される。話しかけちゃまずかった？と思ったら……

……ゲームしてた。

あの～
ちょ、ちょっと待って！
よし！オッケー、何？

すれ違うトラム。

あと10回くらい乗りたかったな～

ノースポイント

北角とトラム

トラムの2階から眺めた市場。

トラムのコースで一番楽しかったのは、北角周辺。市場に突っ込んでいくような。

そして、その市場自体も楽しくて、トラム小旅行の途中だったのに、ついつい降りて野菜や生肉を買ってしまう。

どうしよう 野菜買いたい
一旦宿に 帰るしかないか

上から見る市場

トラムが、ゆっくりと、市場の通りに入っていく。この高さで市場を見るのは、不思議なかんじ。遊園地のアトラクションみたい。

バスの2階より高いね

市場を切り裂いていくような錯覚。それでも人は、ギリギリまで線路の上を歩いている。

群衆に分け入るかんじに、コーフン。

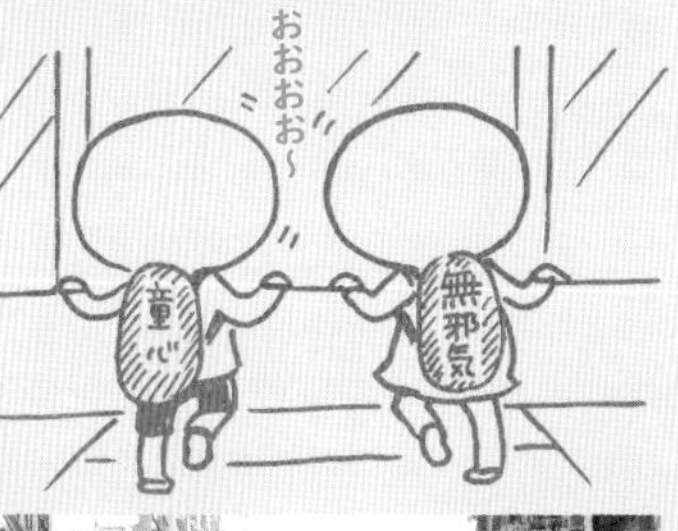

おおおお〜
童心
無邪気

歩行者目線だと、こんなかんじ。結構な迫力だ。

かなり引かないと撮れないね
FENDI

トラムが行き過ぎると、またいつもの市場に戻る。

思わず買い物

市場を、ちょっとだけ覗いてみるはずが、品数の多さ、安さ、そして活気に引き込まれ……ガマンできず、買い物モードに突入～

面白い野菜がいっぱい～

丸っこいゴーヤ。

バトンみたいなナス、上品なレタス、放射状に伸び放題の葉っぱ。

蒸し物中心の惣菜屋さんを発見。もう、ついでに、ここでお昼を食べちゃおう～

食事系？
甘い系？
どーする？
どっちもじゃ、だめ？

芥蘭の頭だって。食べてみたくない？
かたそう……
えー、あんまり食べてみたくない……

イカ、おいしそー

丸ごとの生イカ。

……さすがにこれはやめときました。
（その前に、豚バラをブロックで買ってるし）

「この野菜はどうやって食べるの？」

……ときいただけなのに、袋にバンバン詰められてしまう。

ガッ
ガッ
あああああ
……ま、いっか

もう、この荷物では、トラム周遊の継続は、不可能。

やっちゃった？
せめて蒸し物はここで食べてこ

座るとこ、座るとこ……
↑
今食べるもの。
↑
食材。
（野菜 バナナ お肉 乾麺 油）

ベンチでのんびり

地元の人が休憩する東屋の一角を借り、お食事。ちょうどそこは、トラムがカーブするポイントで、ゆっくりと向きを変えるトラムが見られる、最高の席でした。

トラムのランウェイや～
カシャ

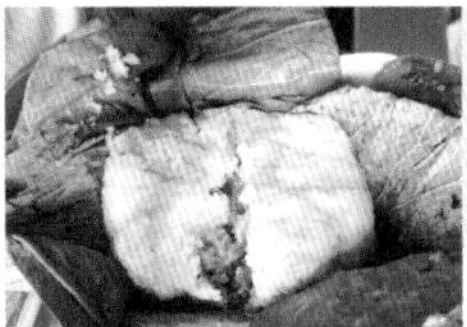

ちまき。

マーラーカオ。

冷たいと、かたいね

ココナッツケーキ。　タルト。

甘さもしっとり感も素朴な感じ。

生地はクッキー系。

半分こしよ～

いい市場に出会うと、旅っていいいな、と思う。

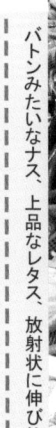

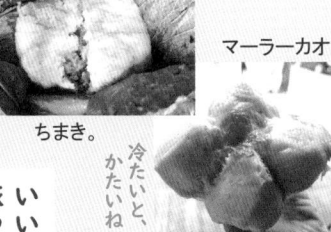

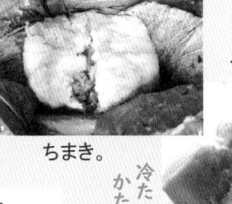

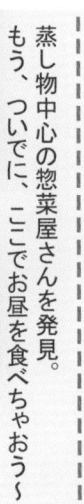

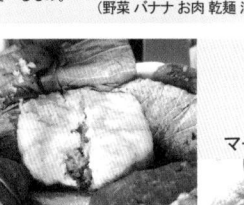

まだまだメイドイン香港

これを見つけるぞ

あれからも、雑貨屋さん
（オシャレなのじゃなく金物屋のような）
を見つけては、キッチュで
レトロなメイドイン香港を
探す日々。

食堂で見つけた、あの
黄緑とオレンジのお椀も、
引き続き捜索中。
でも、ありそうで
なかなか出会えない。
探すお店が
違うのかなぁ……

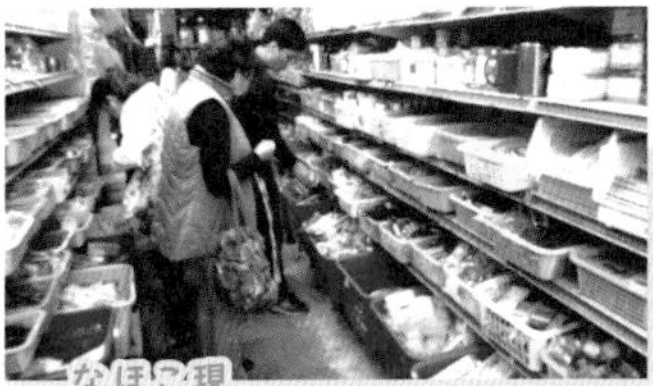

しかし、
日本でも売られてる
100均グッズなどが
ほとんどで、
「懐かしプラスチック
捜索隊」としては、
収穫が少ない。

現地の人にしたら
こういうもののほうが、必要
なんだろうけどね

明輝五金

そそられる店構え。

乾物屋？
雑貨屋？
とりあえず入ってみよう

しかし、これらを売っているお店が見つからない。
こんなお店を見かけては、入ってみる。
時間があれば、1個1個、全部見る。

このお椀が欲しい

あのあとも、よく
見かけた、このお椀。

ここでも
使ってる～

同じシリーズで、平皿も発見。

でもよく見ると、左はソーサー？

そして、出会った

トラムの東の終点に、小さな市場があった。

郊外で、
市場近くで……
うーん、
ありそうな
ニオイが
してきたよ～

そして、
小さな雑貨店を見つけた。
食器やキッチン用品が、
沢山置いてある。

店の奥に進むと……

あった～!!

しかも
安い！

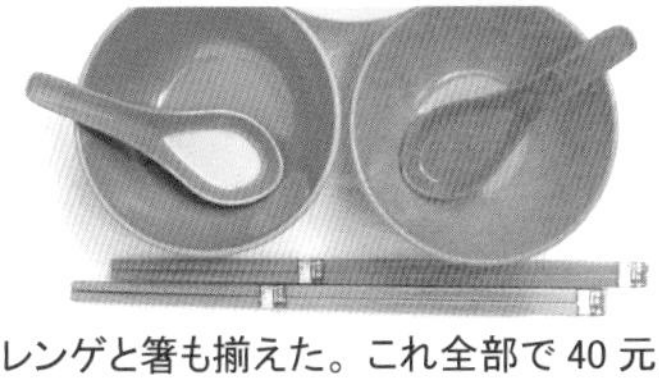

レンゲと箸も揃えた。これ全部で 40 元。

やっぱり、こういうものって、
生活に根差した場所に置いてあるんだね。

他にも収穫あり

その後も「捜索」を続け、見つけたもの、あれこれ。

2～3軒に1個くらい「イイモノ」が見つかる。
ありすぎても困っちゃうので、
これくらいが、ちょうどよいのかも。

宝探しだね

懐かしい、木製の洗濯ばさみ。
かろうじて1軒で存在を確認。

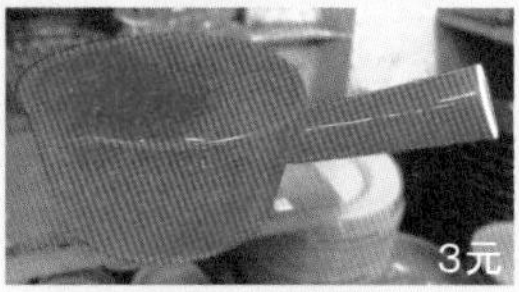

3元

ピンクの手桶、
透明な質感が美しい。

黄緑とオレンジの半透明カップ。

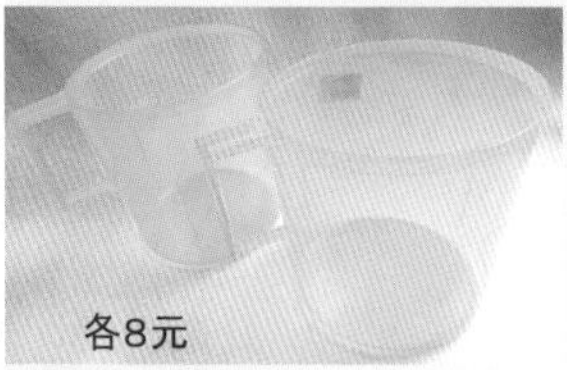

各8元

＊値段が書いてないのは記録忘れ。すみません～

色つやが魅力的なブラシ。用途は不明。

これぞ70年代調の容器。もしかして、本当に当時のもの？

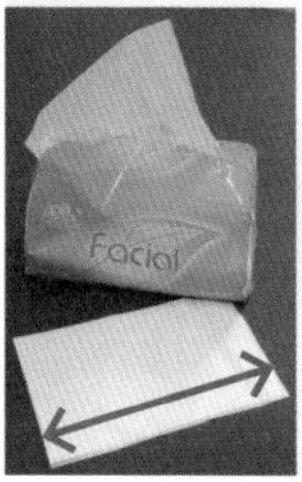

普通のＢＯＸティッシュの、長手が6割くらいのサイズ。これ、ちょうどいい～

暦ってどこで売ってるの？

「日めくり暦」が欲しいと思った。香港らしいし、レトロだし、しかも生活必需品なので、安そうだし。
ただこれもまた、どこで売っているのか、見当がつかない。
しかも、今は2月……

あ！　紙の素材がお寺関連のものに近いから、そういうお店に置いてあるんじゃない？

そうひらめいて、それらしきお店を見つけた。

そこのおばちゃんに、「暦がないか」と尋ねると、

手を引かれ、奥の倉庫に連れていかれる。そして……

これかい？

おばちゃんも、売れ残りがはけて、ちょっとうれしそう？

15元

いろいろ買ったけど、これはほとんど、自分たちのモノ。お土産も探さないと～

「お土産」探しは後半に。

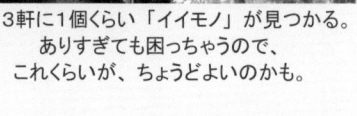

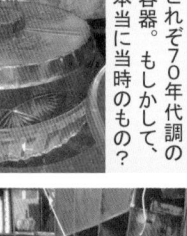

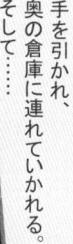

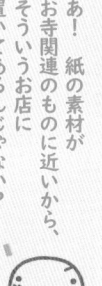

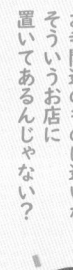

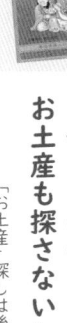

展示に感動

歴史的な建物をリノベーションして作られた商業施設。建物の風合いを味わいつつ、アート、買い物、食事などが楽しめる場所……

台湾に多かったこのスタイル、ここ香港で見つけたのは、かつての警察署を利用した、「大館《タイクン》」という新しいスポット。

大館について

敷地は広く、レストランやショップだけでなく、警察や監獄の博物館でもある。

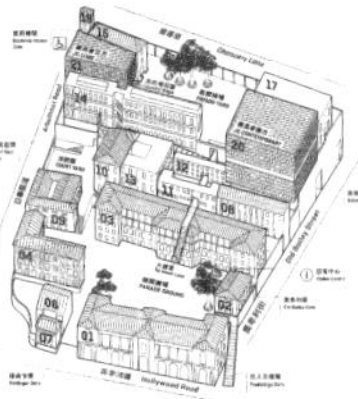

この日は、広場でイベントをやっていた。

見どころは監獄

狭い牢屋の一つひとつに展示があり、それを、覗くように見学していく。

唐突に透明の椅子とテーブル。夕方からここはバーになり、奥の独房でも飲めるらしい。

影の演出

とくに感動したのが、囚人の様子を、十数秒の「動く影」で表現しているもの。

蝋人形などを置くよりも、ずっとセンスがいい。アート作品のよう。

リアリティがある。彼らが今ここにいるかのように感じられる。

そして何より、動くことで、説明がなくてもわかるのがスゴイ。

たとえばこの、2人の囚人。なにかコソコソと話しているのだが、突然パッと離れ、そ知らぬふり。

守衛さんが通ったんだなとわかる。そして、脱走でも企てているのかなと、想像できる。

罰を受けてる。

月日を数える人。

そこにいるかのよう。

脱獄。

獄中で詩を書く。

切ない面会。

島へ、行ってみよう

一つ、小さな島へ
行ってみようと思いました。
日帰りでまわれる大きさ、
観光地っぽくないところ……
そんな基準で
探していたら、
坪洲《ペンチャウ》という、
素朴な島に
出会いました。

300m
フェリー

ネックピローみたいな形。

フェリーに乗って

中環からフェリーに乗る。

中環 CENTRAL ⟺ 坪洲 PENG CHAU

MONDAY TO SATURDAY From Central		MONDAY TO SATURDAY From Peng Chau		SUNDAY AND PUBLIC HOLIDAYS From Central		SUNDAY AND PUBLIC HOLIDAYS From Peng Chau	
3:00 a.m.	4:10p.m.	3:40a.m.	1:45p.m.	3:00a.m.	4:10p.m.	3:40a.m.	3:20p.m.
7:00	4:45	5:30	2:30	7:00	5:00	6:30	4:10
7:40	5:30	6:15	3:15	7:50	5:50	7:00	5:00
8:00	6:00	7:00	4:00	8:40	6:40	7:50	5:50
8:30	6:30	7:25	4:55	9:30	7:30	8:40	6:40
→ 9:15	7:00	7:45	5:25	10:20	8:20	9:30	7:30
10:00	7:40	8:20	6:15	11:05	9:15	10:20	8:20
10:45	8:30	8:35	6:50	12:00n.n.	10:00	11:10	9:15
11:30	9:15	9:15	7:45	12:45p.m.	10:50	11:50	10:00
12:15 p.m.	10:00	10:00	8:30	1:40	11:40	12:50p.m.	10:50
1:00	10:45	10:45	9:15	2:30	12:30a.m.	1:30	11:35
1:45	11:30	11:30	10:00	3:20		2:30	
2:30	12:30a.m.	12:15p.m.	10:45				
3:15		1:00	11:30				

9時 15 分発の坪洲行き。

乗ってから20分ほどして船が接岸した。
しかし乗客は、ほとんど下りない。
あれ、ここじゃないのか。
他の島を経由する船だったのか。

念のため、船員さんに、
ガイドブックの
「坪洲島」のページを見せる。
すると、彼は慌てた顔で、
「ここだよ、ここ！」

まさか
違うよね？

タラップが外される数秒前、
慌てて船を下りた。

坪洲島だけに
行く船だと
思ってたから…
誰も下りないから…
みんなどこに
行くんだ？
ハァハァ
ハァハァ
ハァハァ

静かな島

そんな、
ほぼ誰も下りない坪洲島。
歩く人も少ない。
ベンチに、お年寄りが座っている。

妙に静か。
この島の車は、
救急車と消防車
だけだとか。

スーパーで、
非常用の
菓子パンを買い、
小さな廟で
お参りをする。

……と、
そのすぐ近くのお宅から、
かすかに、ジャラジャラという音が。
静かな町に、
その音だけが響く。

また少し歩くと、
別の家から
ジャラジャラジャラ……

ジャラジャラ

開けっ放しの扉からそっと覗いてみると、
おじいさんおばあさんが、麻雀を楽しんでいた。
よかった、人はいた。

島の印象

廟の裏の坂を上がってみる。

時々、こんなかわいいおうちがある。

結構な急坂だ。砂を運ぶバギーとすれ違った。

ニコ
車の代わりにこのバギーなのね

メインストリートは、驚くほど閑散としていた。

休日はもう少し賑やかだというが、それにしても……

山に登ろう

この島のてっぺん、手指山を目指し、ハイキング。

ハァ
ハァ
ハァ

標高95 mのことで、ナメていたが、長い階段は、地味にキツイ。

久々の自然～

植物を見ながら、のんびり歩く。

山火事になったらこのハタキで消火するんだって

途中のいい眺め。

頂上にて

のんびりペースで50分ほどで頂上に到着。霞んではいるものの、香港のビル群がしっかり見えた。こんなに近いのに、あのぎゅうぎゅうの町とココでは、ずいぶん違うもんだ。

この岩が指みたいだから手指山？う～ん、わからん。

心地よい風が吹いた。

この島の北にあるランタオ島は、手が届きそうなほど近い。

ランタオ島
←この小さな島までが坪洲島。

＊ランタオ島は、空港やディズニーランドがある島。

楽しい、下りルート

来た道とは、違うルートで下りてみることにする。島民の暮らしが感じられる、楽しいコースだった。

途中なぜか、民家の庭を通るようになっていて戸惑っていると、それを察して声をかけてくれた、優しいおじさん。

大丈夫、こっち こっち
ここ通って いいんだよ

海

下りる時は、海を眺めながら。

また、かわいいおうちを見つけた。

海に近い住宅街は、ちょっと日本の漁師町に似ていた。

↑バギー

海沿いは、リゾート地のような。

浜辺へ

ネックピローの「首」の部分は、こんな静かな浜辺でした。

海の先には、九龍にあるタワー「スカイ100」が見えた。

旅恒例の、砂チェック。
黒い粒が多めかな

最後のひととき

帰りの船の時間まで、商店街で過ごす。午前中よりは人がいて、いい雰囲気だった。

1本路地を入ってみたら、古そうな建物が。

もう少し散策してみたかったな。

カフェで、甘いものを注文して、ほっと一息。

食べたものはP91に。

磁器製の小皿。「泳ぐ魚」の柄は、ご婦人が、店の奥で手描きされていた。

昔は島内に、沢山の工房があったそうだ。

次は観光客で賑わう休日に来てみたいな。

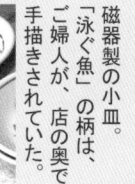

甘いものたち

町で見かけた、甘味店。

香港のスイーツって
どんなかかな？
中華風？　イギリス風？

全部で
32元

〈パイナップルパン〉
温かいメロンパン的。
外側のサクサクは、
ホロホロと崩れて、
拾い集めながら食べる。

〈ミルクティ〉
お茶は濃く出ていて
優しい甘さ……
なのになんだか薄味。

〈エッグタルト〉
パイ生地が脂っぽくて、
ちょっと卵焼きっぽい味。

「大絶賛」を食べてみた

＊店名は控えます～

事前に調べて、ぜひ
食べてみたかったもの。
多くの本で紹介されてる
フルーツのデザート、
行列必至の牛乳プリン、
人気No.1だという
バターを挟んだパン、
絶対飲むべきミルクティ、
などなど……
情報をもとに
食べ歩いたけど、
それらのよさが、
わからなくて困った……
どこの国にも
あるようなものだし、
で、とくに香港のものが
おいしいのかと言えば、
そういうわけでも
なく……

「大絶賛」……
したかったの

パイナップルパン

10元

パンが、
バターと一緒に
口に入れないと
まとまらない印象。

フツーに
メロンパン？

バター挟んだら、
なんだって……ねぇ

牛乳プリン

いくつかの本で
「衝撃」「驚くほど濃厚」
「想像を超える」……などの言葉が
並んでいたが……

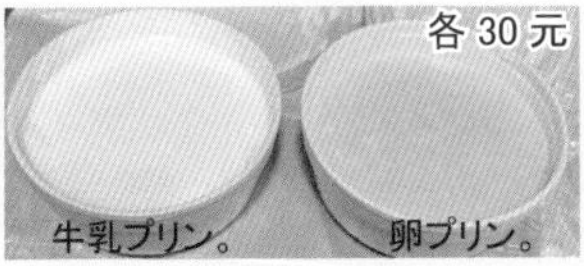
各30元
牛乳プリン。　卵プリン。

濃厚……か？
卵臭さはない。

甘さも牛乳も
他店よりは
濃く感じる。

ハシゴして、食べ比べ。

卵プリン。
牛乳プリン。
各32元

甘さを抜いたら
卵豆腐か茶碗蒸し
かという、お味。

フツーに
「温かい牛乳」味。
なぜかお湯っぽい。

高くない？

「昔ながらの素朴な味」というなら、
充分共感できるのにな。

たまたまなのか　このみの味　は、伝統的なものでした。

伝統菓子の店

地元の人に愛されてそうな菓子店。

味のある店構え。

〈椰蓉甜餡〉はココナッツ味。

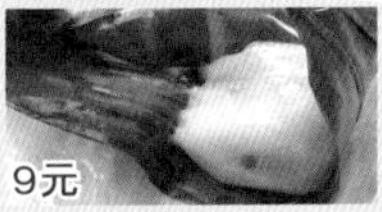
9元
食感はお餅。

〈砵仔糕〉
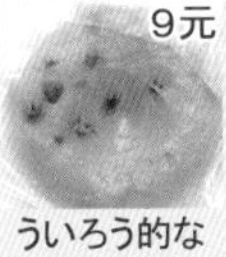
9元
ういろう的な
上品な甘さ。

〈紅豆糕〉

11元
あずきたっぷり。
ういろうより、空気の入ったやわらかさ。

亀ゼリー

P39でも紹介した

漢方なので、
苦いのかなぁ、
クサイのかなぁ、
って思ったら……
漢方っぽさは
ありつつも、
さっぱりとして
おいしかった。

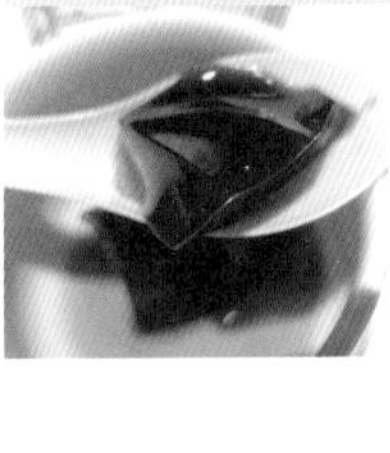

25元

情報にとらわれず

「大絶賛」巡りは ほどほどにして、自分のカンを信じよう。町歩きしながら、自然に目についたものを食べることに。

さあ、心のおもむくままに

尖沙咀にて

香港のど真ん中で、ソフトクリームの移動販売車と出会う。

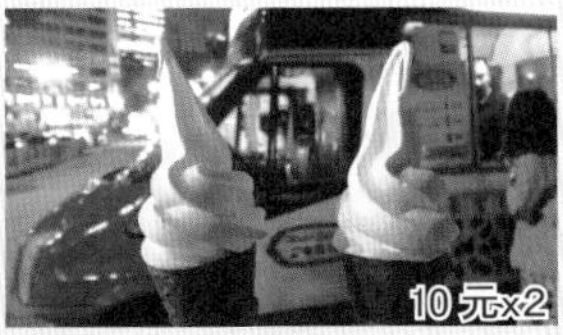

10元x2

もともと屋台系が少ない香港だから、うれしさ倍増。

市場のパン屋さん

北角の市場で見かけた、古くからありそうなパン屋さん。ショーケースのカーブがかわいい。

パイナップルパンが1個3元。安いのもステキ～

他の市場で見つけた桃の形のパン。

ほぼ、無味。

なんか、生々しい……？

果物屋さん

上環を歩いてたら、女子高生が集まる果物店が。見ると、カットフルーツを売っていました。

25元

ドラゴンフルーツ。

香港のケーキ

一概には言えないけど、香港のケーキって、70年代テイスト？

坪洲島にて

アイス入りのパイナップルパン。パンが、シュー生地っぽくておいしい。

フレンチトーストは、食パン2枚重ね揚げ。あいだに、カレーのようなスパイシーなクリーム。これに、シロップをかけて。

どちらもコーヒー付きで36元。

激甘だけど、オリジナリティに大満足だね

雞蛋仔

旅中、見かけつつ、長いことスルーしてたお菓子。見ためは少々グロテスク、でっかいプチプチみたいでもある。ある日食べてみたら……イケる！

外はカリカリ、中はしっとり、ホットケーキ的。

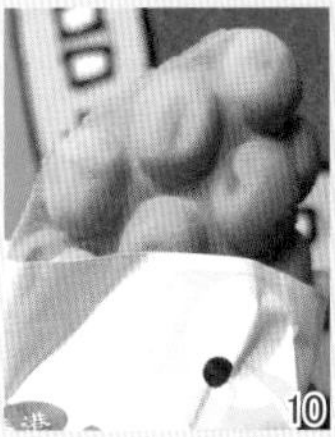

10元

深圳で食べたのは、アツアツだったからかさらにおいしかった。

飲茶店にて

1階の売店で、売っていたお菓子。

蓮の実あんの月餅。

蓮の実あんが上品すぎて、皮の味に負けてる気も

6元

卵ボーロのでっかいの。

少ししっとりしててクッキーぽいね

10元

ごちそうさまでした。

続・食べ物屋さん

行ってみたかった店、
行けなかった店、
偶然入った店……

せっかく行ったのに
注文しなかったことで
出会えなかった、
おいしい料理も
あったかもしれない……

そんなことを考えちゃう
私たちは、食いしんぼ。

大人気の店

下町の市場のフードコート的な店なのに、お金持ちも通い、予約必須な、人気店。

＊北角にあります。気になる方は調べてみてね。

開店と同時なら、予約ナシで入れるかも、という情報もあり、来てみたら……

こちらにどうぞ
オッケーだって！

テキパキして感じのよい店員さん。
これからどんどん混んでくるはずなのに、相席じゃない席にしてくれた。

さすが人気店だね
サービスがいい

廊下を使っているの？と思うくらい、長細い店。
席は、この写真の倍以上あったと思うが、
これが、あっというまに満席になる。

ただ、悩ましいのは、価格。
ほとんどの料理が「時価」と書いてあり、怖くて頼めない。
そして100元以下の料理も、ほとんどない……

鶏肉が半身で280元だって

その中で、なんとか選んだのは、
酢豚と、カイラン炒めと、お粥。

98 元

酢豚は、お肉が香ばしく、
パインもジューシーだった。

そぎ切りもおいしいね

98 元

塩漬魚で味付けしたカイラン。

45 元

豚レバーのお粥、油条付き。

うん、なかなかいいチョイスだったんじゃない？

全部で 255 元。

ウェットティッシュとナプキンが置いてある店、はじめて。

エプロン

個性的にカットされたゴム長靴を
履いている店員がいた。
遊びゴコロ？
それとも実用的な意味が？

勧め上手な店

＊銅鑼灣にある上海料理の店。

ふらっと入った、夜10時半過ぎでも開いていた店。

地元客が多く、私たちも、男性客と相席を指定される。

こんばんは…

規模も、ローカルっぽさも、いいかんじ。

長く住んでたら、馴染みの店になりそうだね

なので、地元客と同じように扱われるのかと思いきや、店員さんは、私たちだけに、いろいろと勧めてくる。

ビールは？

うちの人気メニューはね……

小籠包は食べないの？

じゃあ、これは？

今までそんな店はなかったので、なんか新鮮というか、戸惑うというか……

あ、じゃあ小籠包もいただきます……

夜中なのに、つい。

43元

小籠包。35元

腐乳をかけた空心菜。10元

「八宝〇〇」という料理名なので期待していたが……

8種類はないにしても、具が3種類もないような…小さいし…

どしゃぶりとチャーシュー屋さん

＊灣仔にある焼味の店。

チャーシューが人気の店。ずっと行ってみたくて、最終日の朝、滑り込み。

店内は狭い上に、お客がひっきりなしなので、オーダーも、食べるのも、いつもより、慌て気味。

●△※か？
え？ あ、はいっ（テキトー）

→狭さ対策か、壁に棚が。

←八角風味の甘ダレ。

チャーシュー。

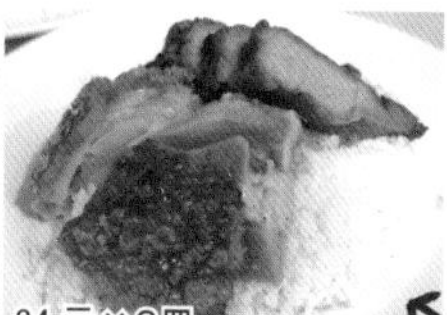

ローストダック。

34元×2皿

「三品盛」を注文するつもりが、慌てて間違えて「二品盛」を2つ頼んじゃった。

↓

34元

あとからチキンを追加注文。

失敗
悲
テキトーに返事したばっかりに……
お肉はどれも、甘めの味付けで、ギュッとした味でおいしかった!!

オーダーのダブルミスに、しばし落ち込む……

店を出る頃、外はどしゃぶりだった。（傘忘れた）

でも、狭い店なので、長居はできず……

行く当てもなかったが、仕方なく飛び出す！

ごちそうさまでしたーっ

まとめてたら食べたくなってきました…

香港マカオの人々

旅で出会った方たち。
いや、
出会った、知り合った、と
いうほどもない、
袖が触れ合う程度の。

それでも、旅人にとっては、
それだけで
天にも昇るキモチになったり、
逆に、旅をやめたくなるほど
の孤独を感じたり……

旅人は繊細な生き物なんです。

静か、時々……

町なかで出会う
香港の人々の印象は、
総じて、とても静かで、
「信号を守り」
「きちんと並び」
「横入りしない」
日本人がつくる
雰囲気と似ていた。

ただ時々、
声のボリューム調節が
独特な人たちもいて……

怒鳴り声にびっくりして
振り返ると、
笑顔の会話だったりして
さらにびっくり。

×○※◆☆！！
この声で
怒って
ないんだね…
日本だと
「なんだとテメー
やるかコラー！」
くらい言ってる
トーンだよね…

おじさんが優しい…

旅のはじめから、
女性（とくにおばさん）には
怒られっぱなしだったが、
実は、おじさんが優しくて
救われていました……

荷物、そろそろだよ

空港で、荷物が出てこない、と
不安を一度伝えたら、ちょこちょこ
こちらにやってきて、声をかけてくれた。

大丈夫だ、
今から
まわるんだよ
ここで
見てるといい
そろそろだよ
どうだ、
まだか？

あそこに座りなさい

路線バスで、立って揺れていると、
乗客のおじさんが……

危ないから
荷物を
ここに置いて
あの
空いてる席に
座りなさい

＊おじさんのセリフは想像です（実際は中国語）

これが時間だよ

小さい食堂のおとうさんに
営業時間を尋ねると、
言葉じゃ伝わらないと察したのか、
わざわざメモ用紙に書いて
渡してくれました……

はいこれ、
あとで
おいでね

駅へ行くならあの階段だよ

道でキョロキョロ
していると……

駅へ行くなら
階段を上がって
右だよ！
カンがよくて
優しいおじさん。

P128に続きます〜

マカオへ

宿を引き払い、上環にある
フェリー乗り場へ向かった。
今日からマカオに
4泊するのだ。

チケットを買い、
出国手続きをし、
フェリーに乗って、
1時間ちょいで到着。

そこからタクシーで、
3軒めの民泊宿へと向かう。

悩ましい大荷物

マカオ滞在のあと、また香港に戻るので、
不要な荷物は置いていきたいところだが、
香港のホテルをまだ予約していないので……

ぜーんぶ
持ってく
しかない
悲し～
香港MAP
スイーツ

↑
着ない服、使わない資料、
買っちゃったお土産……

マカオは外国？

マカオへは、フェリーで、1時間少々。
沖縄本島から離島へ行くくらいの
感覚だけど、
出入国の手続きがある。
ちょっと不思議なかんじ。

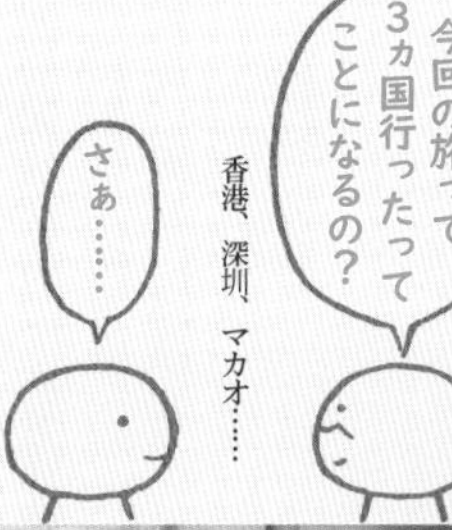
今回の旅って、
3ヵ国行ったって
ことになるの？
香港、深圳、マカオ……
さぁ……

笑顔のワケ

カジノ付きのホテルなら、港から、無料送迎バス
なんかがあるんだろうけど、民泊を選んだ私たち
は、自力でたどり着かねばなりません。

いきなり路線バスも難しいので、
珍しくタクシーに乗る。

運転手は、なんだか
ガラの悪い女性。

運転中、
顔にワセリン塗りたくり、
背中をバリバリかきむしり、
激しい大あくびと
しまいには……カーッペッ

遠回り
されてる
気がする…

でも最後、

着いたよ
さぁ
降りた
降りた
…あ、
ありがとー

……と、すごく愛想がよくて、
あ、なんだ、いい人だったのか……と思ったが、

……そう私たちが気づいたとたん、
こんな顔に。

あ！ お釣り！
お釣りまだ
もらって
なかった～
チッ

洗礼は受けた。さぁ、マカオを楽しもう～

マカオでも民泊

エレベーターは、ない。3階まで、階段を上がっていく。

3軒めの宿、
ここもまた民泊。
民泊は、どの部屋（家）も
ちょっとずつ設備や備品が
違っていて……
暮らしやすさは、
来てみて
住んでみないと
わからない。
それが、
大変でもあり
面白くもあり。

20ページくらいあるよ
さらにダンジョンっぽい〜

日本を出発する直前、メールで「たどり着くまでの手順」や「ハウスルール」が送られてきた。（中国語と英語）

ゲーム度が増してる……

写真入りの説明書を手に、進んでいく。
さあ、無事に部屋まで、たどり着けるのか……

鍵は、ポストの中に入っているという。そのポストを開けるのに、番号とコツが必要のようだ。

「ダイヤル本体を、左にスライドさせてから、3、5、2、」
「それから右にねじる」？

よっ……
開いたっ！
難しいな…

ポストには、鍵が2つ入っていた。1つは公共部分の鍵。目の前にある、古い鉄製の扉が、それのようだ。

ここでは四角い鍵を使うんだって

「扉は古いので開けるのは難しいが、強くねじると壊れるので注意」だって

なにそれ、トラップ？
まわす前にセーブしとくべき（笑）？

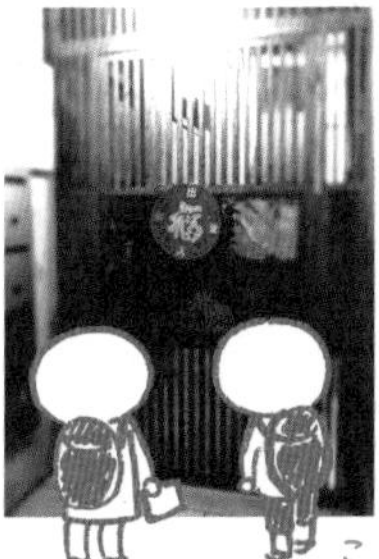

なんとか「クリア」し、2階（実質3階）まで階段で上がり、廊下を左へ……そこにまた、重そうな鉄の引き戸があった。

今度は「丸い鍵を左にまわす」だって
「適切な位置」で「忍耐が必要」って書いてある…

確かにコツがいるな
ちょっと戸を持ち上げないと鍵がまわらないよ…

コツをつかんで開錠すると、またその中に内扉があり、それを開けたら……部屋が現れた〜

オシャレすぎる部屋

入ったとたん、「わぁ〜」と声が出るほど、広くて、スタイリッシュな部屋だった。

ビルはボロボロなのに、このギャップ！

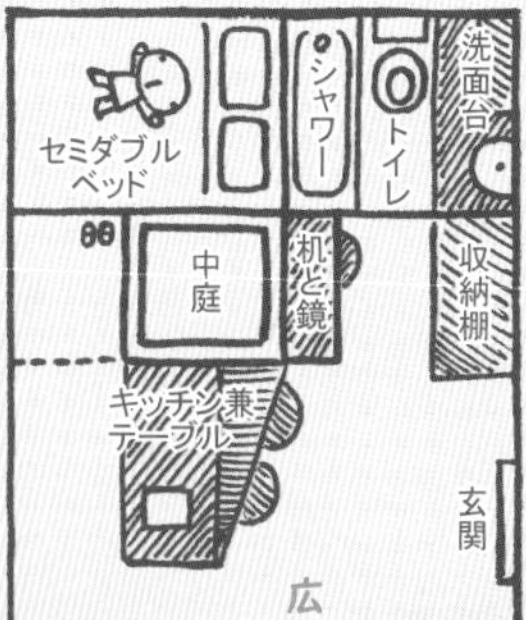

洗面台
トイレ
シャワー
セミダブルベッド
中庭
机と鏡
収納棚
キッチン兼テーブル
玄関
広い！
テレビ
ソファベッド
冷蔵庫
飾り棚
観葉植物

オシャレすぎて？

しかし、生活感をなくしたいあまりに、実際に暮らすことを考えていないつくり……？

たとえばキッチンは、

「カウンターテーブル」を開けると、その下に「コンロ」が現れる仕組みで……

テーブル
コンロ
流し

流しの部分は、穴が開いていて、閉じても使えるようになっている。

これじゃ、コンロを使いたかったら実質、テーブルが使えないよね

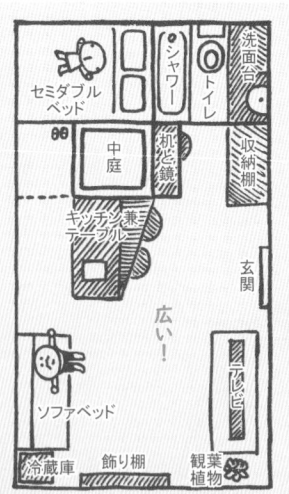

さらに、
キッチン道具が何もないことに驚く。
鍋、包丁、皿、コップ、洗剤……一切ない。
「料理はするな」と言わんばかり。

それでも「部屋食」したいので、
カウンターテーブルを上げ、
オフになっていたコンロの電源を入れた。

皿は、この前買ったものを、
包丁は、アーミーナイフ、
洗剤は、石鹸で代用しよう。

これが大活躍。

ところで、食事するテーブル、どうする？

ソファに座って食べるとしても、
なぜか、ソファテーブルがない。
あるもので、なんとか工夫するしかない。

寝室にあった、ベッドの上で使うテーブル。→

←ゴミ箱。

めっちゃ不安定だけど……

これでなんとか「部屋食」態勢が完成。

しかし、ここで気づく。

……あれ？　でもさ、鍋もポットもないから、お湯も沸かせないよね……

確かに……。コンロ、意味ないじゃん！

これも足りない

他にも、なくて残念だったもの。

◆掛け布団… 1組しかない。

家族連れを推奨してる宿なのになぜ……

◆冷凍庫… ない。冷蔵庫のみ。

デザイン重視なのね

◆干し場… タオルも洗濯機もない上に、洗濯物を干す場所がない。

ここまで何もないとホテルと同じだよね

いや、ホテルにはタオルあるし

いらないもの

反対に、「いらないんだけど」……
というものが、いっぱい置いてある。

◆楽屋ばりの鏡

まわりにライトの、女優ミラー。

でも近くにコンセントがないんですけど？

◆沢山のローソク

使ったら危なくない？

◆ゴツイ電気毛布

これ必要な時期あるのか？

◆やたら引き出し……何をこんなに入れるのか。

それより棚が欲しい

イヌ問題

予約時、「イヌの鳴き声がうるさい」というレビューが多く目についた。隣のイヌがうるさいのかな、くらいに思っていたが……

実際聞こえたのは、虐待を受けているかのような、悲痛な鳴き声だった。それも何匹もいるようだ。だが姿は見えない。このビルの中か外かもわからない。うるさいというだけでなく、かわいそうで聞いてられないということで、あのレビュー数だったんだ。

洗濯問題

この宿にはタオルが置いてなく、洗濯機もない。自前の1枚のタオルを、毎日使うしかないのだが、手で絞るため、次の日に使うまでに、乾かない。

このことは事前に了解済み。→

メールで宿主に、この現状を伝えてみると、「ランドリーまで徒歩7分かかる。自分で洗うほうがいいかも」……と、親切だが、使えないお返事。
↓
数日経った頃、バスルームに「謎のスイッチ」があるので押してみると……熱風が出た。これって、浴室乾燥機じゃない？　……一気に解決。
こんないいものがあるなら言ってよ～

すごく乾く～♪

あの分厚いハウスルールになぜ書かぬ

文句ばかりですが、これもひっくるめて楽しんでますので、ご安心を～

初日のお散歩

部屋をひととおり
チェックし終わると
4時近くになっていたが、
ちょっとお散歩に
出てみることに。

行ってみよー

まずは周辺を歩いて、
生活環境をチェック、
そして、そのまま
観光の中心の広場まで
歩いてみる予定。

まずは周辺…

これから数日過ごす町。
何があるか把握しておこう。

おっ、スーパー発見。すぐ近くだね。それも24H営業
道の向こうにも別のスーパーがあるよ!

あっ、100均もある!

香港では
見かけなかった、
100円ショップ。
ちょっと寄ってみる。
この間口からは
信じられない
大型店だった。

これ……買っちゃおうか

100円とはいかず 15元。

迷った末、
鍋を購入。

民泊にしてよかったよね
ホテル街だったら、この環境はないよ

蒸し物のテイクアウト店があった。

うわ、魅力的♡
でも散歩中だからなあ…
ガマン ガマン
明日来まーす

さらに進むと、ガイドブックに
載っていた、飲茶の店を発見。

龍華茶樓

やっぱ、お腹すいた…
もう、夕飯食べちゃう?
そうしよ!

……と決心したら、閉まっていた。
そうだ、飲茶の店って、
早く終わっちゃうんだった。

そのすぐ近くに街市（市場）が。
ちょっと、様子見だけ……

ちょっとだけね

わーなにこのナス長ーい!
カイランも安いよ

つい野菜を買っちゃう。散歩中なのに。
夕方なのに、魚市場も活気があった。

シャコ売ってるよ!
大きい! 生きてる!

なぜかシャコまで購入。散歩中なのに。

またやっちゃった…
さすがに一旦帰るしかないね
←ナス
←あばれるシャコ

帰り道、
さっき諦めた
蒸し物屋さん
に寄る。

やっぱり買いまーす

＊シャコ6匹＝68元、カイラン1束5元、長ナス1本＝6元、塩2元。

あらためてお散歩

買った食材を宿に置き、蒸し物で腹ごしらえし、7時過ぎ、もう一度お散歩へ。

今度は、反対方向に歩き、名所を目指すことに。

進むごとに、町並みがポルトガルっぽくなっていく。

オレンジ色に浮かび上がるネコ。

聖ポール天主堂跡の裏手に着いた。表へまわると……

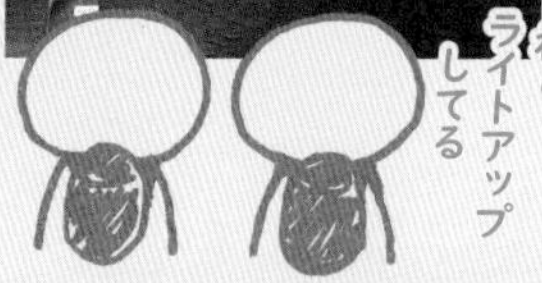
わぁ、ライトアップしてる

マカオには、ちゃんと残っている教会だってあるのに、壊れて壁だけの、この建物のほうが、人気も存在感もある。「修復」ってなんだろう？興味深いね……ついつい、この前で話し込む。

そこから階段を下りると、賑やかな通りがあった。この時間でも、まだ土産物屋が開いていて、観光客で溢れていた。

木の下のベンチで、タルトを食べる。

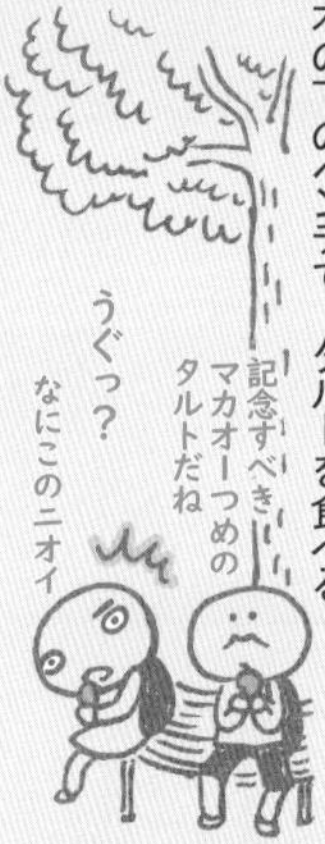
記念すべきマカオ一つめのタルトだね
うぐっ？
なにこのニオイ

なぜか、ドリアン味のタルトを買ってしまう。さらに……

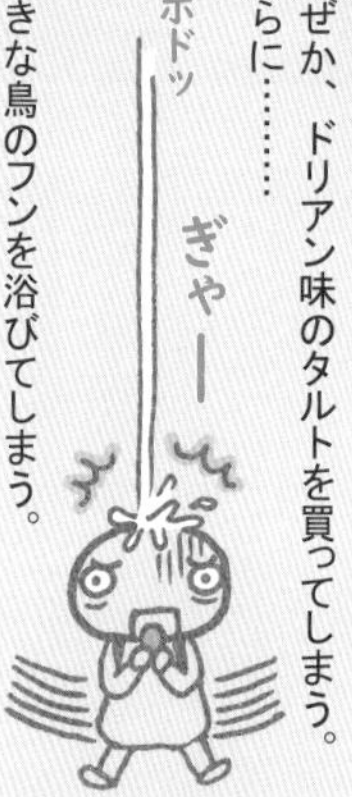
ボドッ
ぎゃー

大きな鳥のフンを浴びてしまう。

気を取り直して、セナド広場へ。

旧正月の名残があった。

さらに歩いて、聖オーガスチン広場へ。ここは、観光客も少なく、地元のおばちゃんたちが、オレンジ色の灯りの下で、体操したり、おしゃべりしたりしていた。

あぁ、なんだかこの広場、人も、空気感も、ポルトガルっぽいなぁ……

深夜、恐怖のバスの旅

その後、リスボアホテルのカジノを覗いていたら、夜11時を過ぎてしまった。ヤバイ。そろそろ帰らないと。

事前に調べていた、33番バスに乗る。……が、

ん？なんで風景が「海」なんだ？？
あーっ、下の島に向かってる！

どうやら、反対方向の33番に、乗ってしまったらしい。

真っ暗な中、見知らぬバス停で降り、向かい側に渡って、バスを待つ。

よかったバス来た〜

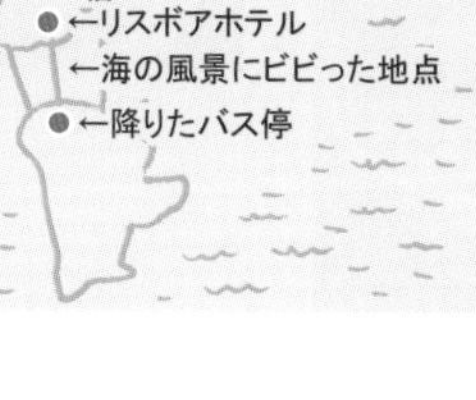
←宿
←リスボアホテル
←海の風景にビビった地点
←降りたバス停

0時近く、なんとか帰宅……

街市と部屋食

マカオのホテルは、
ほとんどがカジノ地区にあり、
多くの観光客は、そこを拠点に
世界遺産周辺だけを見て帰る。
なので、市民が住む地域は、
通ることさえないのかも。

でも今回私たちは 民泊にした
ことで、普通の人々の生活を
垣間見ることができた。
市場、スーパー、小さな商店、
食堂、パン屋、惣菜屋……
……あ、食べるものばっかり。

夜食にシャコ

シャコを衝動買いしてしまった話の続き。

シャコは鮮度が命。生きたまま調理するか、
できなければ、冷凍したほうがよいとか。

128
生きてる時のシャコちゃん。

ガーン
この冷蔵庫、
冷凍庫がない！
せめて
冷蔵庫に入れて、
なるべく早く
帰ってこよう…

……と思ったものの、ついカジノを覗いたり
バスを乗り間違えたりで、
帰ったのは、深夜0時近く。

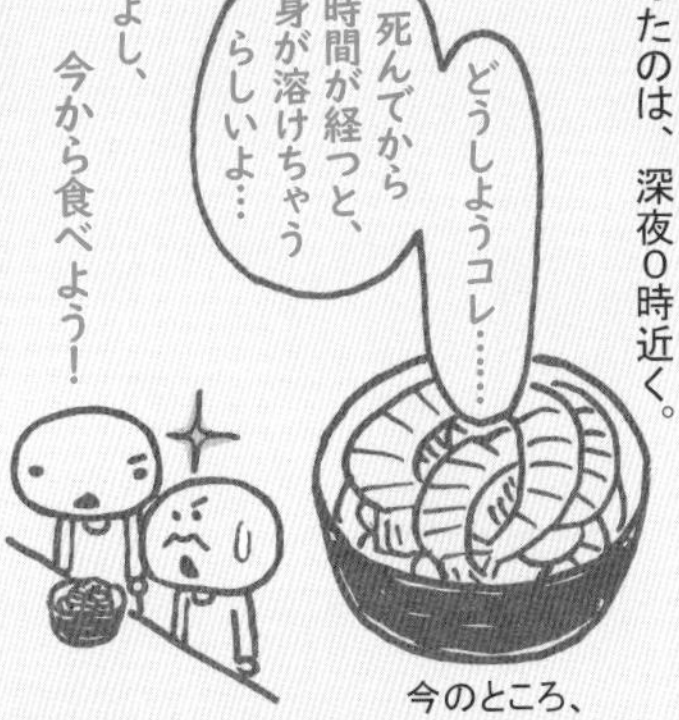
どうしようコレ……
死んでから
時間が経つと、
身が溶けちゃう
らしいよ…
……よし、
今から食べよう！
今のところ、
溶けてはいないようだ…

というわけで、
夜中に シャコを茹でることに。

えーとまず、
沸騰したお湯に
塩を入れて……

鍋が小さくて
入らないな。
3匹ずつ
茹でよう

どうせなら、
付け合わせに
ナスもどう？
遊ばないで
貸して…
え、
じゃ、
ビールも
だよね……

ナスは、厚めの
輪切りにして、素揚げ。

FLAVOR LAGER
金牌
台湾啤酒
TAIWAN BEER
珍しく、台湾ビール。

……いつのまにか、本格的な食事になっちゃいました。

ここに
ハサミを
入れて……
夜中だけど
いただきまーす
ナスうまっ

「買ってもいい」市場

旅先で食の市場を訪れる――旅の大きな楽しみだ。

場内の活気、新鮮な野菜、珍しい食材、ご当地スパイス。

見るだけで楽しいけれど……

まわってるうちに、「買えない」ことへの残念なキモチも湧き上がってくる。野菜や肉を買っても、ホテル暮らしでは、調理できないから。

でも……キッチン付きの宿に泊まっていたなら、

あれも買っていい、これも買っていい。

「買ってもいい」市場巡りは、何十倍も楽しい！

ニンニク一コだけください

いいわよ

「料理する」部屋食

コンビニなどで買ってきたパンやお惣菜を、狭いホテルの部屋で、ベッドに腰かけて食べる。

そんな部屋食も、もちろん楽しい。旅らしいひとときだ。

でも……キッチン付きの宿なら、

温かい料理が食べられる。

現地の食材を使って、「料理」自体を楽しめる。

自分の家のようにくつろいだ食卓になる。

豊かな「部屋食」は、最近の私たちの旅で、観光と同じくらい、大きなポジションを占めている。

あと「冷凍庫を駆使して、自分の好きな温度のビールが飲める」も追加ね

キンキンが好み

飲む10分前に冷凍庫に入れるの

お料理中のキッチン。

このお肉は、買ってきた惣菜。（レンジで温めた）

今日も、ナスは素揚げに。

ニンニクとカイランの炒め物。

この不安定なテーブルに、いつもビクビク。

絶対に手をつかないように！

ゴミ箱＋ベッドテーブル。

簡単な麺料理にも、茹で野菜を乗せて。

野菜を入れようが、結局は「夜中のラーメン」だけどね

ネットで「食材」や「調理法」を調べられる、というのも大きいいね。

マカオの印象

蝉些喇提督大馬路
(提督馬路)
AVENIDA
DO ALMIRANTE LACERDA

地名はポルトガル語が併記されている。

マカオの印象。
香港と比べて。
そして、同じカジノがある
ラスベガスと比べて。
かつて支配していた
ポルトガルと比べて。
比べてみる、
マカオ。

ベガスもポルトガルも行ったことあるので、比べてみて倍楽しい

第一印象、そして…

町に着いて感じたのは、建物が、香港よりも、古い、色がない、ちと廃墟っぽい……一言で言うと「灰色」という印象。

私たちが住んでいた地域。
観光客はたいてい、
世界遺産とカジノしか
行かないので、
こういう印象は持たないかも。

一方、ポルトガル時代の建物や石畳が残る地域は、オシャレで明るい雰囲気に。

ひゃーこの路地いいねー
ヨーロッパっぽい〜

また、なぜか時々、「あれ？ なんか日本に似てる…」と思うこともあった。道の幅なのか、ゆるい坂の角度か……香港ではこんな感覚にならなかったので、不思議だった。

次行ったら、解明しよう

ポルトガルの名残

世界遺産もいいけど、町の中にある「小さなポルトガル」を見つけるのが、楽しい。

建物

世界遺産の教会よりも、さりげなく残る白壁の民家などに、サウダージ（郷愁）。

アズレージョ

=ポルトガルのタイル

もっとあちこちにあるかと思ったが、あまり見つけられなかったな。

道の標識はアズレージョ。ポルトガルのとよく似てる。

福榮里
BECO DA FELICIDADE

しかし、前に電線が垂れているのが、アジアだなー

広場

住宅街にふとある広場が、リスボンの主婦が集う水場（洗濯場）によく似ている。

石畳

白と黒のキューブ型の石を並べて作るポルトガル式石畳。

リスボンにあったものと、そっくり

ラスベガスとの違い

ラスベガスは、町全体が「カジノ」ってかんじだったが、マカオは、道路を挟むと、全く普通の町。人が住む場所とのあいだに「境界線」がある気がした。

落ち着いた町だよね…
すぐ近くにカジノがあるってかんじがしないよね

＊ラスベガスとの違いは、P106にも。

日本語の説明

世界遺産の説明書きに、日本語のものがあったのがうれしかった。

しかも、製作に、日本人が関わってるなと感じさせる、わかりやすい文章で。

マカオ歴史地区

香港になくてマカオにある

・無料レジ袋… 香港では全店有料だった。

・屋台の食べ物屋… 何軒か見かけた。

・くねくね道… マカオに来てから、香港には、あまりなかったと気づいた。

・100均… 香港では見なかった。ここには、日本にもないくらいの大型店が。

・ベランダの鉄格子…

台湾でよく見た防犯の柵。そういえば、香港では見なかったような。

・バイク… 沢山いる！

マカオの食堂

数軒訪ねただけなので、あくまで個人的印象ですが、香港と比べて……

・店内が広々、ゆったりしてる。

・すっきりとして清潔な雰囲気。

・価格が安め。

・無料のお湯がいただける。

・メニューが多い。

・店員が優しい。

明るい店内。

まだまだ印象

バス

乗りこなすのは難しいと言われたがそんなこともなく、重宝した。ただ、お釣りが出ないので、小銭がないと大変なことに～

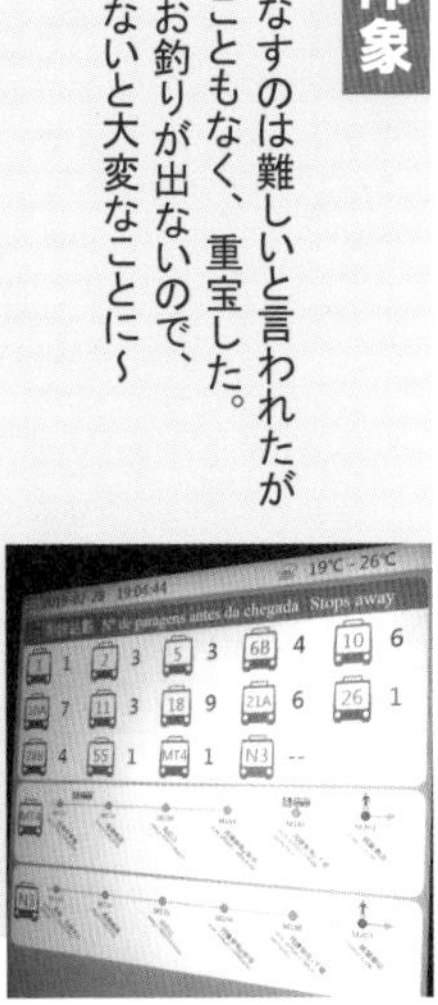

バス停の液晶表示。次に来るバスがわかる仕組み。

看板

香港のほうが「味」があった。こちらは、電飾看板がほとんど。

パンとお菓子

香港より洗練されてる。それぞれのかつての統治国、イギリスとポルトガルの差なのだろうか？

「普通のパン」なのが、逆にレベルの高さを感じる。

とってもおいしい驚き♪

＊P114にも写真あり。

タイル屋さん

ポルトガルと言えば、大理石とタイル。その影響なのか、内装のお店をよく見かけた。(それにしては、住宅ビルはボロボロだったけど)

店頭に並んだタイル見本。

観光客

この時は、99・9％「中国人観光客」という印象。日本人、欧米人、どうした？

「マカオには何もないよ」なんて言う人もいたけど、物価も安いし、観光も見応えあるし、人も穏やか、すごく居心地がいいんですけど～

次は、ここに3週間か？

タイパぐるぐる

昨日、間違えて乗った
南側行きの33番バスに乗り、
タイパという地区へ。
降り立ったところは、
同じポルトガル風でも
セナド広場周辺とは違い、
庶民的で、静かで、
ひなびた風情。
大きな建物より、
路地や人が住む町を
見るのが好きなので、
期待が高まる。

てっぺんに着くと
現れた、
高層マンション。
あぁ、ここは
ポルトガル
ではなく、
やっぱり
マカオだ。

最高の散歩道

ポルトガルの下町を
歩いていたかと思えば、
赤と金で飾られた
ザ・中華なお寺が
現れたり……
散歩中、何度
「あれ、今どこに
いるんだっけ？」
と思ったことか。
ごちゃまぜ文化、
古い建物も
残っていて……
この旅一番の
楽しいお散歩！

タイパハウス

かつての邸宅の暮らしぶりがわかる博物館。
この場所から眺める大型ホテル群も◎。

細かいタイルが味わい深い、
老舗レストラン。

優雅な階段と、両側の大木。
写真スポットらしい。

色合いがメキシコっぽい？

三婆廟

時々、忘れた頃に
お寺(廟)が現れる。

雰囲気のある建物2つ。
←カフェかレストラン。
↓「押」ってことは質屋？

路地だよ〜

さらに歩くと、まさに「路地」というべき一角があった。迷うように、流されるように、ぐるぐると歩いてみよう。

この、ヨーロッパの下町感よ。

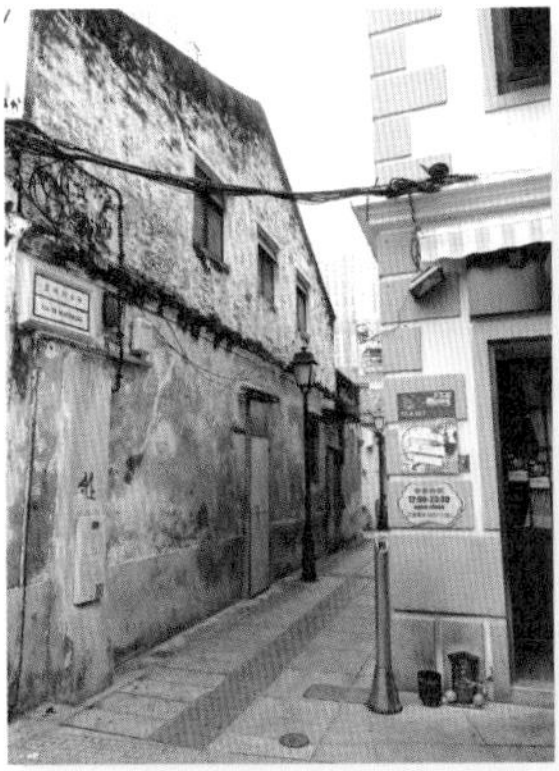

壁の味わい、道の幅……キングオブ路地。

官也街

この辺りだけ、観光客と土産物屋で賑わっていた。

白が基調の、静かな通り。

おじさんの雰囲気まで、ポルトガル。

かわいい模様の石畳。

路地のあちこちに観音様？ヨーロッパの路地も、こんなふうにマリア像が祀られていたっけ。

タルト。

卵プリン。

タルトとプリンは、「味見」と言い訳しながら、見つけたらすぐ食べる。

この中、3層の、食感と味に分かれている。

マラケシュピンクの建物。

マラケシュは、モロッコの都市だよ。ポルトガルと近いよね

道端でゲームに興じるおじさん。

壁は、褪せたり剥げたりカビたりしていると、味が出るんだよなぁ。

路地歩きって、楽しいんだけど、全部の道をまわれたか気になってモヤモヤしちゃうんだよねぇ

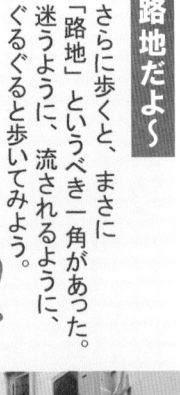

カジノへ行こう

売り上げでは
ラスベガスを超えたという、
マカオのカジノ。

では、実際の雰囲気や
エンターテインメントは
どうなんだろう？

そんな興味もあり、
楽しみだった
カジノエリア。

ラスベガスと比べつつ
印象をかいてみます。

思ったこと、つらつら

ショボくはない

規模も、建物も、想像以上に立派だった。
ラスベガス同様、大通りには
ベネチアやパリを模した建物も建ち並び、
運河が流れるショッピングモールも、
豪華な噴水ショーもある。

でも……

でもなぜだろう……
建物が似てるから余計に、
「でも違う」という違和感がすごい……

理由①

気づいたのは、通りを歩く人が少ないこと。
たまたまなのかもしれないけど、
まだ8時9時なのに、
そぞろ歩く人が、ほとんどいない。

理由②

なぜ人が歩いていないかというと、
通りに、お店が並んでいないのだ。
ラスベガスには、
土産物店やホットドッグ屋が
ずらっと並んでいたけど……

理由③

だからなのか、ホテルとホテルのあいだが、すごく暗い。
噴水ショーをやっているホテルへ行く道中が、
裏通りというか、日曜の夜のオフィス街というか……
夢から現実に引き戻されちゃう。

噴水ショーは　がんばっていて、
ラスベガスのものと、そっくり 。

メイン通り。こんなに明るいのに、閑散としていて、さみしい。

カジノエリアを出たところに乱立する、
「押」（質屋）。
漢字の電飾が、マカオっぽい。

カジノ自体も、この路線で、
マカオの個性を出していけば
いいのになー

屋内の「水のショー」は
オリジナル？　見応えあり。

ゴンドラ ライドもある。

理由④？

エッフェル塔の、電飾センスが、なんか違う……

有名な町並みを模したテーマパーク（→（国名）村とか）のように、
マカオは、
「そもそもがテーマパークっぽい町であるラスベガスを模した町」、ということなのだろうか。

ラスベガスって、
あのクレイジーで幸せそうな人たちが
町を行き交っていてこその、
あの雰囲気だったのだなあと、
ここへ来て、思えた。

陽が落ちてきたね
そろそろ
カジノ行くか
よーし、
「テーブル」で
「大小」やるぞー

ラスベガスでは、怖気づいて
テーブルゲームに挑戦できなかったので、
今回は、リベンジ的な意気込み。

↑
こういう「観光客」が
普通に町を歩いている。

CASINO LISBOA
葡京娯楽場
CASINO LISBOA

このレトロ路線を推し進めるのも
いいと思うな。ラスベガスの
フレモントストリートみたいな。

⇔ 新旧リスボア。 ⇔

カジノの印象　ラスベガスと比較して……

	ラスベガスゥ～	マカオォ～
客層	世界各国から、あらゆる人が集結してる。	全員中国人？マカオの人なのか、香港や本土からなのかわからないけど。
内装	カリブの海賊、エジプトの遺跡、古代ローマ……など、内装が凝っていたり、個性があった。	ホテルは個性があるようだけど、カジノエリアは、どこも同じようなかんじ。
タバコ	カジノエリアは、タバコの煙でモクモク！煙たくて長くいられない。	全面禁煙。スバラシイ！
室温	ほとんどの場所で、冷房が効きすぎ。これも、長くいられない。	気にならなかった。
飲み物	飲み物いかが?とまわってくる人がいる。1ドルのチップで、ビールもカクテルも。	そういうサービスはないみたい。ただ、1軒だけ「お茶」を出してくれるところがあった。
女性ディーラー	70～80歳くらいの方が、大勢働いている。それも、お化粧バッチリ。	若い人が多いが、みんな化粧っ気が全くない。表情も服装も、お役所にいそうなかんじ。町で一番地味な人を連れてきたくらいの地味さ。

カジノでは、パタカが使えないんだって*
地元の人がギャンブル依存症にならないようにかな

*パタカ＝マカオのお金。香港ドルは使える。

お茶だと急に「給仕」っぽいね
お茶～

入国審査みたいだな

また挫折……

さて、ラスベガスでは断念した、ディーラー相手のテーブルゲーム。

……ここマカオでも、やっぱり勇気がなくて、できませんでした。

は…
はは…

理由は……最低ベット（掛け金）と、お客の気迫。

最低ベット
500 元≒ 7500 円！
*低いレートのテーブルでも200 元とかだった。
MINIMUM 500
あのコイン、1万元って書いてない？？
ご、ごひゃく!?
みんなすごい真剣
ちょっといらだってる……

ゲームの感想

すごすごと、「マシン」のコーナーへ。

スロットマシン

沢山の台があるけど、絵柄も、やり方も、どれも同じようなのばっかり。もっといろんなのがあれば楽しいのになぁ……

探すと時々「パンダ」がある。

黄金版

あった あった、
せめて これにしよ

↓ほとんどの台の絵柄は、このお方。

財神到

ズルイなー

「5セント」と書かれた台に10香港ドル札を入れたら、2回まわして終わった……「レート」と「ライン数」が、一番高く設定されてるんだ。

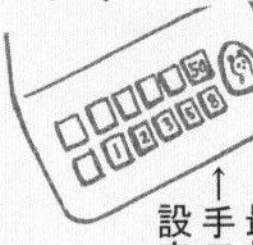

↑手元のボタンで、最初に、これらの設定を変えよう。

200回まわせると思ったのに～

コワイなー

低レートに設定し直し、「20香港ドル」でちまちま遊んでいると、隣の人は、同じ種類の台に、「1000香港ドル札」を、5～6枚突っ込んでいた。掛け方で、こんなにもお金の減り方が変わるのかと、恐ろしくなる。

うそでしょ？

↑300円くらいで遊んでいる。

↑見てただけでも7～9万円使ってる？

大・小

マカオのカジノならではのゲーム。サイコロを3つ振り、目の合計が、10以下なら小、それ以上なら大、という単純なもの。

ヘタレなので、「テーブル」ではなく「マシン」になってしまったけど、それでも結構、楽しめました。

いけー
小！
小！

＊もうひとつ「ファンタン」というマカオ独自のゲームもあるらしいのですが、見つけられませんでした。

奇跡は……

手持ちの香港ドルがなくなってしまった。帰ろうと思った時、ポケットに、昼間お釣りでもらった「20香港ドル紙幣」があることに気づく。

パタカで払っておつりが香港ドルって奇跡じゃない？
コレ使ったら大当たりかも！

しかし、そんなドラマチックな展開はなく…………、一瞬で消えました。

帰れない

それにしても、カジノ＆ホテルエリアはとにかく、だだっ広い。さらに天井が高いから、自分が小さくなったような感覚で、歩いても歩いても進まない、夢の中にいるような気分になる。

？？
？

それに加えて、案内表示がおかしいのか、表示どおりに歩いても、同じところをぐるぐるまわったり、表示が突然なくなったり……

（私たち以外にも迷っている人がいた）

ある時は、どうやってもホテルから「外」に出られなかった。30分以上、建物の中を右往左往。夜遅かったし、もう、永遠に出られないんじゃないかと、ちょっとパニックに……

なんだかんだで毎晩 刺激的。

1つの町のような広さ、ギャラクシー。

＊カジノに使ったのは、4日間でたったの200元。小心者……

ザ・観光

今日は思いっきり、
「観光」をしよう。
ガイドブック片手に
ぐるぐる。
どれだけまわれるかな。

くね くね～

十月初五街

老舗が並ぶ通り。
……とのことだったが、
店の数は まばらだった。

現存するマカオ最古の
お茶屋さんだそう。

古い木、
古いタイル、
昔のままが
カッコイイ

菓子店で
流れていた
短編アニメ。
十月初五街の、
賑やかな時代を
描いていて、
とてもステキ。

ただ……

現在の店構えが
ちょっと……

福隆新街

観光客は多いが、ここも
店は数軒しか開いてない。
(たまたま休み? 空き家?)

まあでも
閉まってた
ほうが、
赤い蛇腹
シャッター
が、よく
見えるよね

大人気だというミルクティ。
35 パタカもする。(= 500 円以上)

そのうち 10 パタカはビン代
だと説明され納得したが、
ビンを返しても、お金は
戻らなかった。なんなの…

せめて
「感動の味」なら
よかったのにな～

その道沿いに、小さな入り口(門)を発見。
覗くと、その奥に路地が続いているようだ。

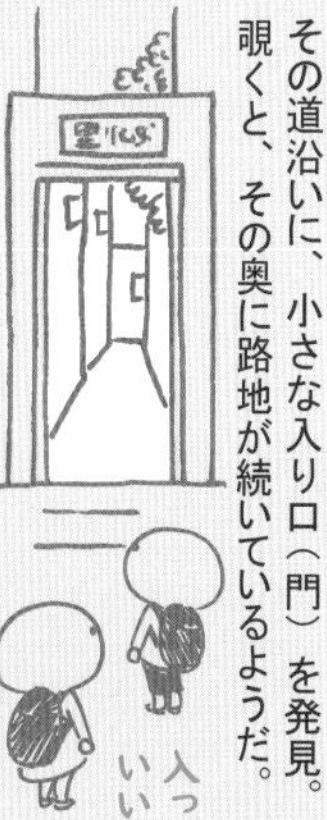

入って……
いいのかな

中に入ると、そこには味わい深い空間があった。

わぁ～
いい雰囲気

道がコの字のようになっていて、もう1つの門から、
また大通りに出られる形になっている。

もしかしたらココって、
プライベートな場所なのかな…

……と、不安に思い始めた時、こんな施設が。

〈文化公所〉無料で開放
されており、マカオに関する
本などが閲覧できる。

建物の中も
見学できて
うれしい

何気に
休憩
できるのも
うれしい

門のこと

このあとも、あちこちで同じような「門」を見かけた。

あ、またあった！

どれも上に「〇〇里」とある。調べると、「里」とは、小路、裏道、横丁、長屋……的な意味らしい。「町」の、さらに小さな単位ってことかな？

「里」の内側から向かい側の門を望む。

「里」はポルトガル語でbecoだって
そういえばポルトガルにベコ・ダ・モーって地名があったよね

こんな「里」もあった。ここは、建物でコの字を作っているような形。

ザ・観光

その後、教会やら、劇場やら、また教会やら、お屋敷やら、お寺やら……行けるだけ行ってみよ～！

全部世界遺産！

聖ローレンス教会。

鄭家屋敷。

風が通って、とてもきもちがよい場所。

おすすめの空間

邸宅を改装して作られた図書館。（これも世界遺産）その奥に、休憩スペースがありました。名所巡りで疲れた身に、なんて有難い場所でしょう…

給水器まであるよ
涼しい

聖オーガスチン教会。

←ドン・ペドロ5世劇場。
↓

タルト食べ比べ

名物エッグタルト、「売ってるの見つけたら必ず買う」ルールで、食べまくり。

カスタードがブジュブジュだけど、濃い味でしまってる。

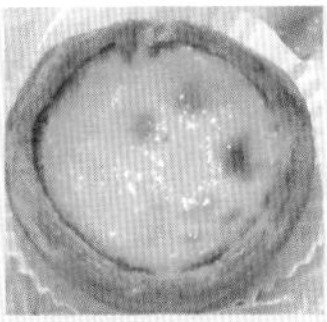

パイ生地が、蜜でコーティングされてサクサク。カスタードはプリンに近い味。

「焦げ」が、いい仕事してる～

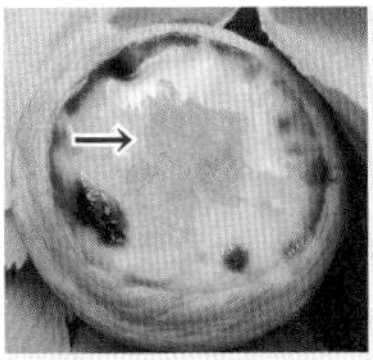

燕の巣のせタルト。

↑味的に、のせる意味はナゾだ……

サクサクのパイ生地に濃厚なカスタード。

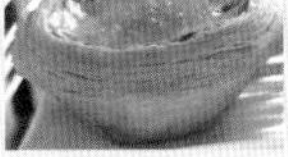

横から見ると、こんな形。

今見ると、見ためは全部おんなじだな…

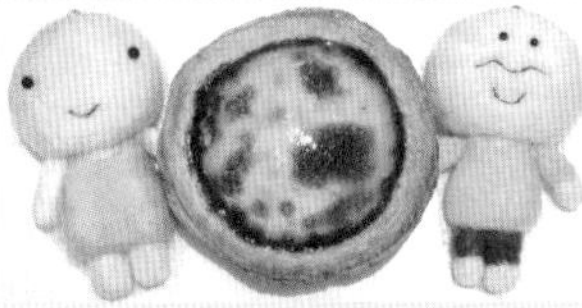

マカオで最後に食べたタルトは、カスタードが甘くておいしかった。

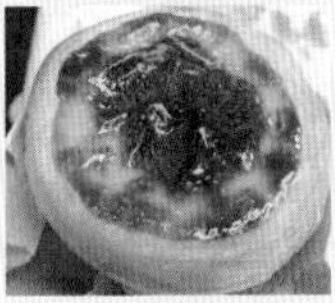

まさかのドリアン味！（でもニオイだけだった）

香港と比べて

香港…クッキー生地がおいしい。カスタード部分は焼き目がないからか、時々卵の生臭さを感じたり、卵豆腐や茶碗蒸しっぽかったりも。

マカオ…パイ生地なので油っぽく感じることも。焼き目をつけてるからか、カスタード部分が、ちゃんと「スイーツ」していておいしい。

ポルトガルと比べて

……と言いたいところですが……ポルトガルには3週間も行ったのに、1個も食べてないんです。ああ、痛恨のミス!!

観光って……楽しいけど、やっぱり疲れるな～

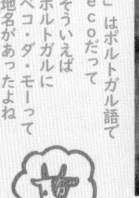

飲茶

これが理想？ビュッフェ式

〈龍華茶樓《ロンワーチャーラウ》〉

6品　180元

大きな窓から入ってくる、
午前中の陽の光、
鳥のさえずり、
かすかな風。
ほどよい間隔で置かれた、
椅子とテーブル。
新聞を大きく広げた地元客。
案内係のおじさんは、
静かで、さりげなく親切で。
あぁ、これぞ飲茶の世界！
（勝手なイメージ）

↓

20分後……あ、変わってる！

なにか新しいものが入ってるかな～？と覗き込む瞬間が楽しい。

システムのこと

ここはP20で紹介したビュッフェ式。自分の食べたいペースで取りに行け、アツアツを食べられる。

食べ放題ではないよ
点心は均一料金らしい
システムとしては、回転寿司とよく似てる

最高のハーモニー

「お店の雰囲気」、「アツアツの飲茶」……そしてそこに「店員さんの優しさ」が加わって、"最高の飲茶"が完成！

淡々とサービスをする店員のおじさんに、きゅん。この旅で唯一、お茶の種類を聞いてくれた。

プーアール？
グリーンティ？
これができたてですよ
マーラーカオができましたよ
くださーい

常に静かに、控えめに、気にかけてくれた。

全部アツアツ♥ ……そして、すきなタイミングで。

＊自分で取りに行く方式なので、料理名がわからないものも。

〈揚げ豆腐？〉

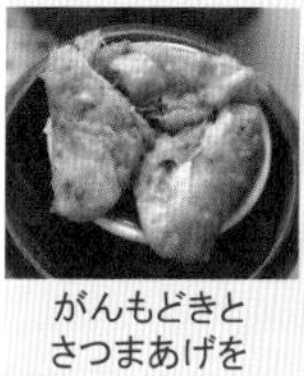

がんもどきとさつまあげを合わせたようなもの。

〈骨付きの豚〉

骨と肉が離れにくく、食べる時、獣のような顔になる。

〈牛肉団子〉

つなぎがかたくて、ちょっと、おでんのボールみたい。

〈マーラーカオ〉

しっとりもちもち。熱いうちにちぎって食べるのが◎。

〈大根餅〉

ゴロゴロした大根が、ほろほろと崩れる。お肉も入ってる。

〈チャーシューまん〉

中の具が、甘すぎなくていいかんじ。

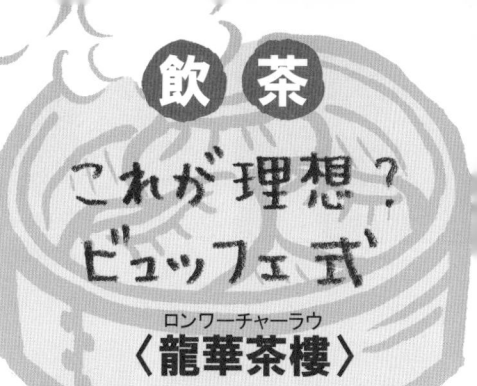

最後の観光

今日は、マカオで丸一日過ごせる最後の日。見残した名所を巡り、*バカリャウの缶詰を買い、そのあとロープウェイでマカオ市内を見下ろしたら……もう、やり残したことはないいね。

＊バカリャウ＝タラの塩漬けの干物。ポルトガル人のソウルフード。

観光しましょ

まずは聖ポール天主堂跡（壁）を再訪。先日は、すぐ暗くなってしまったので出直し。

裏から見たところ。鉄骨に支えられている。

地下は小さな博物館。遺構も残されていた。

裏側や
地下……
そういうところが
面白かったりするよね

今日は、そこから東の方角へ歩いてみる。ヨーロッパそのまんまな、町並み。

石畳と欧風建築が立派。

この石畳、
色からすると、
花崗岩かな？

この辺りの雑貨屋さんにもバカリャウの缶詰があったが、50パタカと高く、諦める。

お土産を求めて

バカリャウの缶詰を求めて、ポルトガル直輸入の食品が豊富なスーパーへ。

魚の缶詰が、いっぱい。

わぁ～
すごい種類♡

でも、そのほとんどがイワシ（オイルサーディン）だった。

イワシじゃ
日本にも
売ってる
もんね……

あっ
これは!?
あった～！

1種類だけあった、バカリャウの缶詰。

うれしさのあまり、20個購入。

重い……
一旦宿に
帰らないとだめか？

＊P127にも詳しく。

ロープウェイ

往復3パタカという激安*な観光。

上がるごとに、ビルがニョキニョキと現れる。

頂上は、ちょっとした公園になってる。

なにか食べるもの買ってくればよかったな。

せっかく珍しくベンチがあるのにねぇ

*激安と言ったけれど、そういえば香港とマカオって、博物館、遺跡、お寺……ほとんど無料だったかも。

偶然見つけたいろいろ

もう、マカオは ほぼ見尽くしたかな。宿に戻る方向で歩き進める。

そういえば、繁華街というか、一般の人の中心地ってどこなんだろね

ここか？

そんな疑問をつぶやいてから数分。道を曲がると、突然、人通りが多くなった。

あ、ここなのかも！

今までで一番「地元民」を見たよ

パン屋さん

その近辺で、何気なく入ったパン屋さん。種類も豊富だし、ケーキも野暮ったくなく仕上がりもキレイ。そして、安くておいしい。

上段のケーキは 4.5 ~ 20 パタカ。

この辺りのパンは7~9パタカ。

さらに進み、宿も近づいてきた頃、さっきとはまた違った賑やかさが……

路地の屋台街

大賑わいの、商店街というか屋台街というか市場というか……とにかく、「食」中心の店が、ずらーっと並ぶエリア。

アメ横っぽい

これは……

市場か!?

鶏肉のローストを売る店。大きなカタマリに戸惑っていると、「小さくするかい？」と、ジェスチャーを交えて話しかけてくれたおじさん。

店主のカンのよさと優しさに……きゅん。

これくらいに

こんな楽しいところがあったなんて。ガイドブックでも全く見落としてた。でもだからこそ、偶然見つけた喜びが大きい。あぁ、初日に知っていれば……

いや、でもいい。今日、目いっぱい堪能しよう！

小さなトマトを4つ買いました。

かためのしっかりトマト。

楽しすぎ～

「マカオは見終わった」…と思ってからの、この充実！

さよならマカオ

湯気がすごい〜

昨日の商店街で、最後に蒸し物屋さんを見つけていた。ものすご〜く魅力的だったんだけど、部屋にまだ食材が残っていたので、買えなかった……

なので今日、部屋を引き払い、フェリーに乗る前に、ここに来ちゃった。どうしても食べたくて。

でっかい蒸籠！

店先でいただきます

そんなわけで、大荷物を引きずった、変な客。

店の正面の道路で、立ったままムシャムシャ食べる、ジャマな客。

それも、アツアツが食べたいので、1個買っては食べ、1個買っては食べ。

そのうち、何も言わなくても容器に入れてくれるようになる。

次はソレください〜
もぐもぐ
← 自前のプラ容器に入れてもらう。

大好きな〈マーラーカオ〉

重慶飯店の番餅に似てる。

〈チャーシューまん〉

ほぼ小麦粉、炭水化物〜

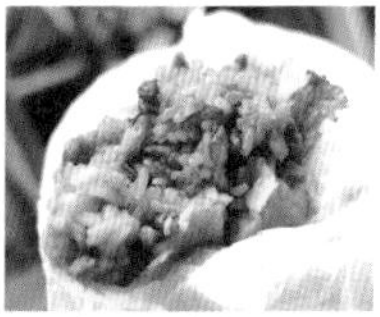
〈糯（もち）米巻〉
まわりの薄皮は卵？

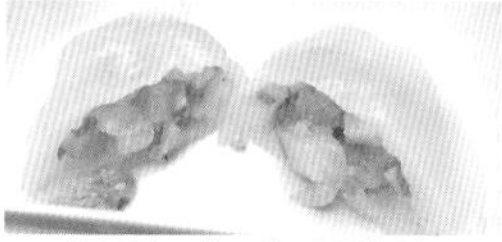
〈粉果〉ゴロゴロ野菜が、シャキシャキしてる。

〈名前わからず〉
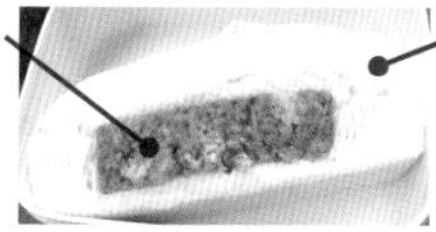
まさかの、具はお米。
生地が層になってる。

立ち飲みならぬ、立ち飲茶（お茶はないけど）

1人1個じゃ多いので、半分こして。

さらに時々、

これって、あの中のどれですか？

……と、商品の名前を尋ねる面倒な客。

無愛想だった店員さんたち。私たちが何度も買うので不思議そうな顔になり……やがて、あきれたような、でも最後には、ほんのりと笑顔を見せてくれていたような……

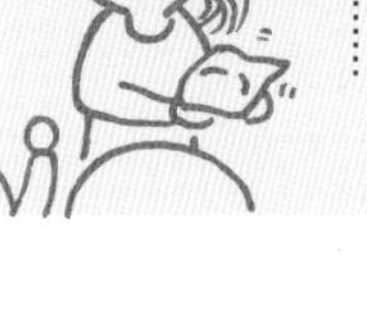
ごちそうさまでした！

ギリギリまでマカオ堪能。さて、香港に戻ります〜

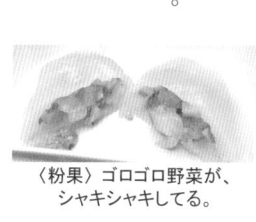

4つめの宿

大きいダブルより狭いツインだね

香港に多い、細長～いベッド。このサイズで充分だなと思った。

最後の数泊は、事前予約してなかった、今回の旅。

旅の合間にネットで調べ、このホテルを見に来ていた。ここは坂の上で、中心から離れているのが不安だったが、実際に来てみると、ホテル前に路線バスが止まり、主要な駅への無料送迎もあり、不便ではないみたい。ここに決めた。

－泊約9000円

ホテルと民泊

民泊3軒を泊まり歩いてきて、久々の、ホテルライフ。その感想。

もちろん「お安め」ホテルのお話です

民泊に負けるところ

・部屋のほとんどを「ベッド」が占めているので、狭いし、くつろぎにくい。

・画一的で、面白みがない。

・生活便利品（キッチン、洗濯機、冷凍庫など）はない。

・メイドさんが部屋に入るので、モノを出しっぱなしというわけにはいかない。動かしたものは、毎朝、元の位置に戻す。

これだと何日経っても住んでる感が出ないよね
ズズズ
ベッド脇のテーブル。

忙しい朝、地味に手間～
立てて、
閉めて、
鍵かけて。
ジジジ

・机はあるが、狭くて食卓には使えない。

椅子もたいてい1つだし

そんな時は たいてい、ベッドの上で食べる。

とりあえず荷物を置くのもベッドの上。

机はもっぱら、物置として利用。

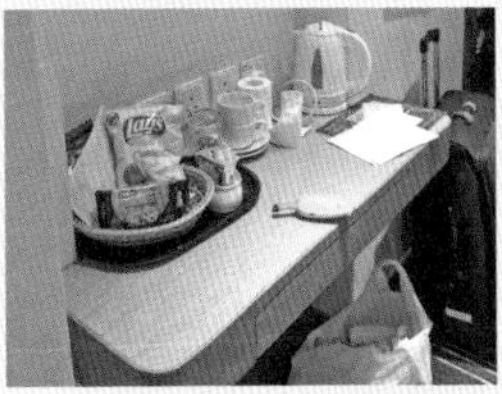

ホテルのいいところ

・民泊は基本「1軒＝1部屋」なので、いろいろ調べていざ予約しようとすると、すでに埋まってしまっていたり、日程が1日ズレただけで表示されなくなったり……など、予約が難しかった。一方ホテルは、1軒に何室もあるので、ゆっくり検討できる。

・今回の民泊は、「2ベッド」という条件で探したのに、どこも、2つめはソファベッドだった。……が、ホテルの「ツイン」なら確実に同じサイズのベッドが2つある。

・お掃除してくれる。毎日、ゴミ箱がすっきり。

・タオルがある！毎日、新しいものに替えてくれる！

あたりまえだけど、有難さが沁みる～

・フロントに人がいるので、すぐ対処してもらえるし、町の情報なども聞ける。

なにかお困りですか？

・個人経営の民泊よりも、やはり安心感がある。

・チェックアウト後も荷物を預かってもらえる。

夜までお願いします～

あなたはどっち派？

坂と階段の町

香港島の中環～上環辺りは、山に張りつくように町がある。一つ上の道へ行くには、急坂、急階段、または長～いエスカレーターで。

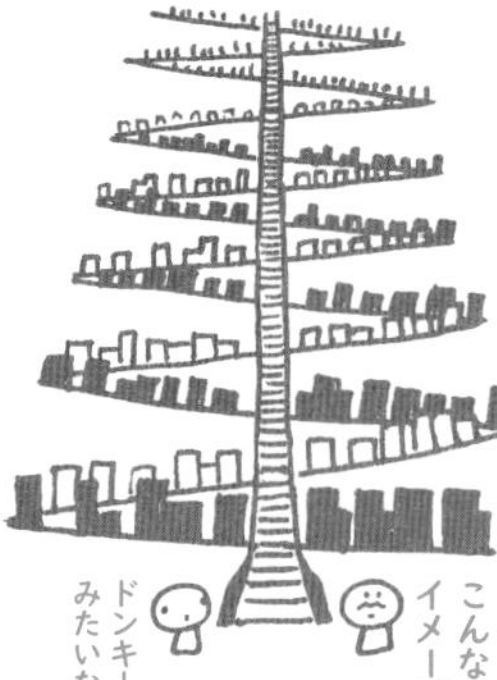

こんなイメージ
ドンキーコングみたいな

長いエスカレーター

高低差135mを結ぶ、有難い存在。

ただ、1ヵ所にしかないし、朝は下りのみだし、修理中の区間もあったりして……これさえあれば大丈夫、……とまでは、いかないけれど。

修理中や逆向きの時は、脇の階段を使う。

全長800m、一番上まで乗ってみることに。十数分かけ、たどり着いた場所の名は……

半山
香港動植物公園
HK Zoological & Botanical Gardens
山頂纜車(步行約25分鐘)
Peak Tram (25-minute walk)

半山かよっ

そういえば、このエスカレーターの名前、ミッドレベル（＝半山）エスカレーターだ！

山登りのような階段

この町の雰囲気作りに、大きく貢献しているのが、「階段」の存在かもしれない。実際には、上るのはツラく下りるのは怖い、急な階段だけど、一つひとつに、味わいや情緒があり、また、これを上ったらどんな道があるのだろうと思わせる、巧妙な仕掛けのようにも感じる。

両側が屋台の、ザ・香港な階段→もあれば、ヨーロッパのような雰囲気の階段←も。

これはムリだ～

ある階段は、「踏面」が足のサイズより数センチ短く、めちゃ怖かった。

階段の幅（踏面）
足サイズ

するーっと、急坂

とても車を運転する気になれない、この辺りの坂道。歩くのも怖い。

とくに雨の日は滑りそう。

歩道は階段状になってる。

坂のような、階段のような。

骨董通り

通称キャットストリート。骨董を扱う店が並んでる。でも本物かどうかは……

鳥カゴの時計

鳥が秒針のように動く。古めかしくてかわいい。

でも、隣の店にも同じものが沢山ある。手に取ってよく見ると、どうも、古いものではなさそうな……どこかの工場で骨董品を量産してるのだとしたらがっかりだ。

陶器のペンダントトップ

お茶碗の欠片を再利用したと思われる。好みの柄を探す楽しみ。

漢字の錠前

数字の代わりに漢字を合わせるのが、カッコイイ！

古い写真

ブルース・リーがあって、なんでジャッキーが全くないの？
？

タンスの取っ手

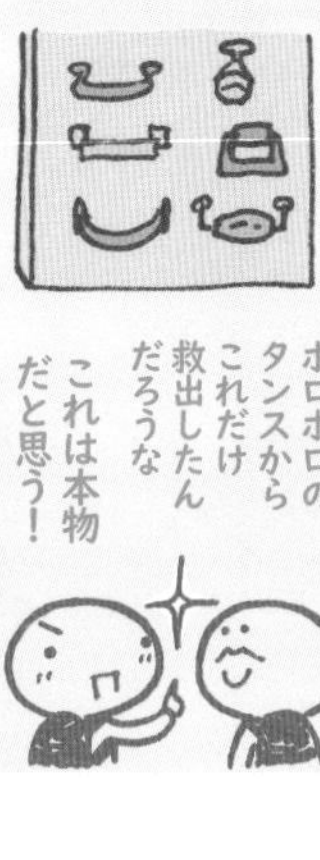

ボロボロのタンスからこれだけ救出したんだろうな
これは本物だと思う！

ヒスイ？の彫刻？

アンティーク
ヒスイでも骨董でもないよね
大量生産を隠そうともしてない潔さ

毛沢東時代の時計

……。

そうなると、この時計も古いものか疑わしくなってきた。

底に金魚が泳ぐ器

これは……古いものかなぁ？

もう、わかんなーい

壁、いろいろ

この界隈は、「壁画」が有名。探し歩いたわけじゃないけど、これだけ集まりました。

＊違う地区の写真も紛れてるかも……

←↑有名どころ。とくに左の壁は、撮影する人が、ひっきりなし。

印刷屋さんのシャッター。

灰色の壁に白一色で描かれた植物。

菓子店の店内にあった壁画。

これらは、もしかしたら落書き？

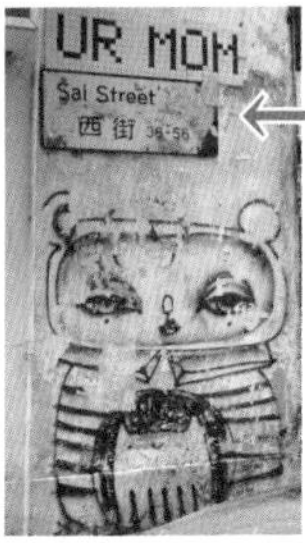

この看板も、アートの一部？

絵じゃないけど、色合いや看板がステキな壁。

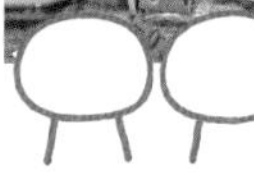

配管が1本だけ赤いのが、効いてるね

写実的な、雨の香港。

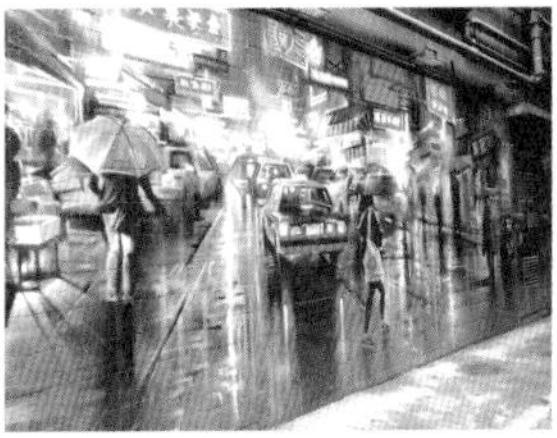

ペンタッチの絵。
壁の質感と合ってる。

ガラスを歯に見立てて。

「見つける」楽しみのある、そんな町でした。

お店の壁もかっこいいね

飲茶 慣れてきたよ ワゴン式

〈蓮香居《リンヒョンコイ》〉

8品　258元

夕方、トロリーに揺られ
ぼんやり車窓を眺めていたら、
突然目に入った、
「蓮香居」の看板。

あ、これってあの店の系列？

先日、大混雑だった蓮香樓、
その姉妹店だ。
食事の予定はなかったのだが、
勢いで飛び降りてみた。

行ってみよ～

飲茶終了

あまりに無計画だったので、
飲茶タイムは、とっくに
終わっていました……

4時で
終わりだって
今7時…

明日来なさいと言われたが、
せっかくなので、そのまま
晩ごはんをいただくことに。
すると、なぜか
おじさん、上機嫌。

そうか、
食べるか、
うんうん

〈梅子蒸排骨〉これと、
〈カイランの炒め物〉
を注文。

明日、早起きしてまた来よう。
地元の朝ごはんタイムに
間に合いますように。

やっと飲茶～

翌日、6時起きして、再訪。

でも、バスで
トラブルがあり
結局着いたのは
9時半……

こちらの店も、自分で席を探す、とのことだったが、
親切な店員さんが、席に誘導してくれた。
蓮香樓に比べ、地元の人が多いみたい。
時間帯もあるが、混み具合もちょうどよく、
ワゴンも、ほどよくまわっている。

お茶は？
プーアル茶
お願いします
洗杯も、もう
できるもんね
やっと、
食べたい
ペースで
食べられ
そう！

早速、まわってきたワゴンを覗いてみる。

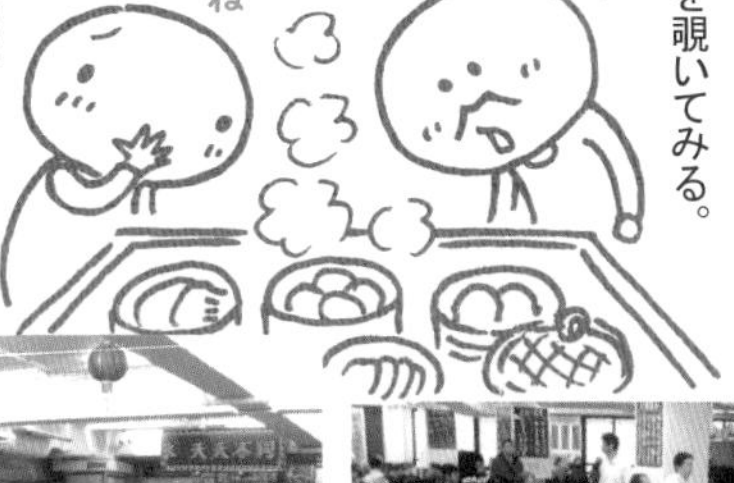
わぁ、おいしそう、
どれにしよう？
あ、向こうからも
別のワゴンが来るよ。
あっちは揚げ物かな
あれもこれも食べたいけど、
一度に取ったら冷めちゃうよね
うーん、ガマンして、
ここは1個に絞るか？
……なんという贅沢な悩み……

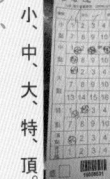

飲茶を満喫

通路は、ゆったりとられていて、ワゴンの売り子さんは、そこを優雅に進んでいく。

新しいワゴンが来るたびに、何が入ってるんだろうと、わくわくが止まらない。

今までの反動か、あれもこれもと取りすぎ。飲茶本来の「お茶を楽しむ」どころか、飲む暇もないくらい、点心を食べるのに大忙し。

このページでは、正式な料理名を記してみました。↓

〈牛肉球〉中

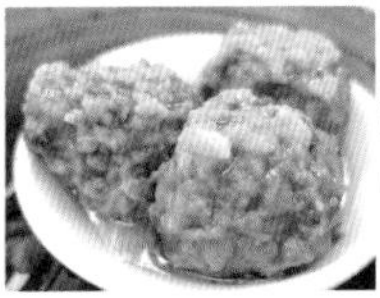

クワイと香菜がアクセント。

〈淮山滑雞扎〉特

薄切りした長芋で具を巻いている。

〈干蒸焼売〉大

エビと豚肉のハーモニー。

ハンコの位置

点心を選んだあと、伝票にハンコを押してもらうのだが、価格は、5段階に分かれていて、どれがいくらなのか、押してもらう時に＊はじめてわかる。ちょっと、どきどき。

20元～34元。

小、中、大、特、頂。

あー、この料理は「特」だったか～

＊メニューには書いてあります。ワゴンで選ぶ時、料理名がわからないのでこうなります……

リクエスト

食べたい点心が、まわって来ない時、店員さんにガイドブックの写真を見せてみると……

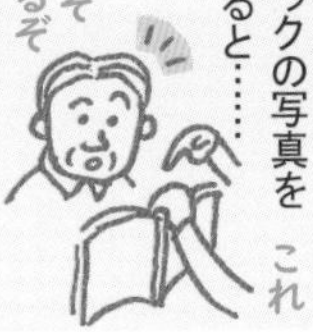

おお、○○か
あるぞあるぞ
これ

奥から持ってきてくれたり、ワゴンを呼んでくれたり、作ってるから待つようにと言われたり……優しい。

〈潮州粉果〉中

大根、タケノコ、ピーナッツ…がゴロゴロ入って楽しい食感。

〈灌湯餃〉特

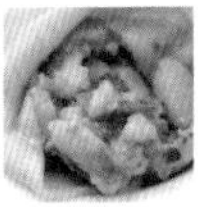

香菜の効いたスープ餃子。キノコ、エビ、イカゲソ入り。

〈鹹水角〉中

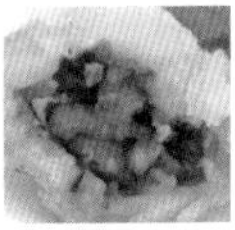

甘めのお餅でひき肉あんを包み揚げたもの。

無邪気な売り子さん

私たちが描くスケッチに、興味を持った、ワゴンの売り子さん。

じー

しまいには、他のお客さんにも宣伝している。そして、私たちを、手招きして呼ぶ。

おーい
おーい
こっち来てー

他の売り子や店員さんを連れてきて、「見ろ見ろ」とうれしそう。

△●☆
※◇■!
×▼◎
★¥○

笑顔だけ返していると、ワゴンを置いて腕をつかみ、連れていかれる。

??

なぜか家族の円卓の一席に座らされ、おじいさんの半生？武勇伝？を聞く。

もちろんほとんど理解できず。

??

〈蘿蔔〉大根餅　中

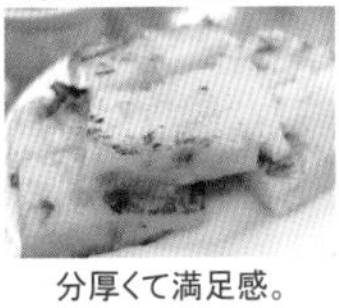

分厚くて満足感。

〈鮮蝦餃〉頂

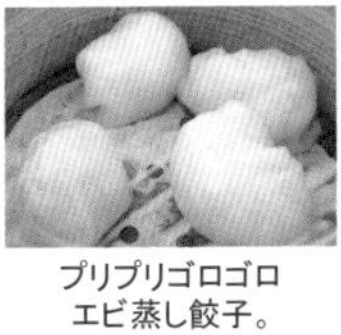

プリプリゴロゴロエビ蒸し餃子。

なんだか落ち着いて食べられなかったけど……でも、楽しかったな。

飲茶 ちょこちょこ点心

道中、常に思っていたこと。

「今日はどこで飲茶しよう？」

さあ、あと何店、何蒸籠、楽しめるかな。

図らずも、「ココロ落ち着かない」エピソードばかり集まってしまいました。

ゴメンチャイ

飲茶の感想

あちこちまわって感じたこと、知ったこと…

味付けは、意外にも濃いめだったな

お茶とのバランスを考えてるらしいよ

店独自の料理って少ないんだね

点心の種類は、どの店もほぼ同じ

一方で、雰囲気やルールは、店によってさまざまだったね

そんな同じメニューだからなのか、お店のランクは、味の「深み」で決まるらしい

「深み」か……それがわかるにはまだまだだな

今は、店の雰囲気やアツアツかどうかが、一番気になるかもね

スタッフの人当たりも…
ね
ここだ
入ろ〜

銅鑼灣の某店

3品　84元

深夜でも開いている有難いお店だが……蒸されている蒸籠を見ようと席を立つと、メニューをテーブルに叩きつけられた。「これを見ろ！」と。この時点で店を出ればよかったが、ガマンして食べ、3つほどでお会計をお願いする。と、最後にレシートをぶん投げてきた。感じ悪いを超えた特異な接客？

〈素揚げのナス＋あんかけ〉

他では見なかったナス料理。
トロトロでおいしかった。

尖沙咀の某店

3品＋ビール　136元

店に入ると、店員さんが座る席を指さしたので、それらしき席に腰を下ろしたら、なにやら怒鳴られる。（今考えると、相席しやすいよう、横並びで座らないといけなかったとか？）それ以降は、呼んでも目をそらし、無視される。……の割には、常にこちらをじっと見ていて、皿が空になりそうだと、速攻で下げに来るという対応。まだ使うレンゲも下げちゃうし……

ここもまた3品で席を立つ。他の観光客も似たような仕打ちを受けていたので、なんとか落ち込みは最小限に抑えられたが、心折れる寸前……

味を感じる余裕、なかったよ…

ビールがぬるかったのは、おぼえてる

上環の某店

7品　189元

町歩き中、たまたま見つけた店。（あとで人気店と知った）3回に分けて注文したら、そのお店の長らしき女性が来て、「飲茶はチャッチャと食べてサッサと帰るものよ！」的なことをまくしたてる。そのあとも、用もなく現れては、なにかしらを下げていく。仕方ないので次のオーダーは諦め、卓上に並んでるものを食べ終え退散。

だってアツアツで食べたいんだよ～

〈小籠包〉
包子の「頂点」が、かたい。

〈牛肉団子〉
もにゅもにゅした食感。

〈カニ焼売〉
すり身に高級感がある。

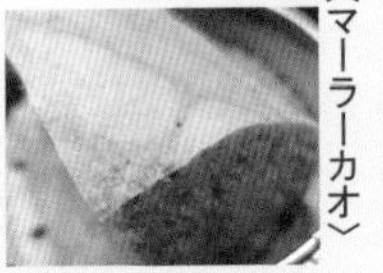
〈マーラーカオ〉
ちょっとラード臭もするけど、それがコクの秘密なのかな。

〈蓮の実プリン〉
アツアツがうれしい。タピオカ入り。

湾仔の某店

3品　81元

ふらっと入った小さな飲茶店。席に着くなり店員のおじさんが、エビ蒸し餃子を勧めてくる。観光客がみんなそれ食べるわけじゃないんだけどなぁ、しょうがないなー、というかんじで注文。そしたら……おいしい！恥ずかしながら、「もう1皿くださーい！」

半透明でプリっとしたエビ。ちょうどいい塩味。エビのダシが立っていて、じーんとするおいしさ。

おいしい！皮の厚さもちょうどいいね

ほんとにおいしいから勧めてくれたんだね

よく考えたら、人気店では、なかなかお目にかかれなかった、エビ蒸し餃子。アツアツがゆっくり食べられるここで、挽回だ！

家族経営っぽい、このお店。私たちが食べてるテーブルの端で、伝票整理みたいなことを始める。

おじさんが一言なにか言うと、奥さんが、伝票を叩きながら、大声で言い返す。

いいのよこれで！
バンバンッ
でも…
怖え～
食べづらい……

空港で

3品　131元

最後の最後まで食べたくて、帰国寸前、空港でも飲茶。

ちょっと冷凍食品テイストだったけど。

空港なのにそんなに高くないね
出国ギリギリまで飲茶ができるなんて、うれしいよね
……あれっ……
うわ、やばい、もう行かなきゃ！

香港の飲茶店巡り。点心三昧、蒸し物バンザイ。「蒸す」ことで……食べたいタイミングで、アツアツの料理が、ちょっとずつ食べられる。これが飲茶の大きな魅力という気がします。

だからこそ、オーダー式が増えて、ワゴン式がなくなりつつあるのが残念……

……にしたって、「飲茶」なのに「点心」ばかり食べてたな…。次はちゃんと、「飲茶」＝お茶を楽しむ文化を、堪能したいと思います。

点心はつまむ程度にしてさ…

できるのか？

お土産、どこで買う？

お土産、
雑貨、
記念になるもの……
何を買う？
どこで買う？
まずは、自分が
きゅんとするものに
出会えますように。

旅のあと、香港を想えるものがいいなぁ

10個の器が入れ子になっている。柄が細かい。

骨董品なのかな

お値段1万8000元だって！

30万円くらいってこと!?

さまよう、土産探し人

まずは、ガイドブックにも載っている定番スポットへ。

デパート

有名な裕華國產百貨へ。老舗の風格……というより、時代についていけてないかんじ？（すみません）
普段使いの食器コーナーは、量産品ばかりだったり、文具は、種類も少なく、並べ方もぐちゃぐちゃ……

これ……うやうやしく置いてあるけど昔、大中で安く売ってたやつだよね

しかし、高級品のコーナーで、ステキな陶器を見つけた。さすが、老舗デパート。

屋台街

旺角の女人街へ。歩行者天国になっていて、一見楽しそうなんだけど、あるのは、一昔前のザ・土産物、キャラクターのパチモン、ジャンクな電子機器、派手な下着や子ども服…オリジナリティもないし、キッチュさも足りない。

うーん……わくわくするものがないなー

オシャレ雑貨屋

PMQは、アート系雑貨屋の集合体。香港らしいモチーフを使ったグッズや、アーティストの意欲的な作品……見ていて楽しい。

警察官舎だったこの建物、地下には基礎部分の遺跡もある。

↑広告？を集めたデザイン。他にも、横看板、ポスト、ベランダ、飲茶、トラム……と、香港っていい「素材」がいっぱいあるんだね。

小さなお店が多いので、全部まわるのは大変だね

そしてちとお高い

金魚の器

骨董品街で見つけた、金魚の器。

うーん、10元か。どうしよ

重いしな〜

迷った末……買わなかった。

そしたら後日、陶器の卸売りのお店で、半額で売っていた。

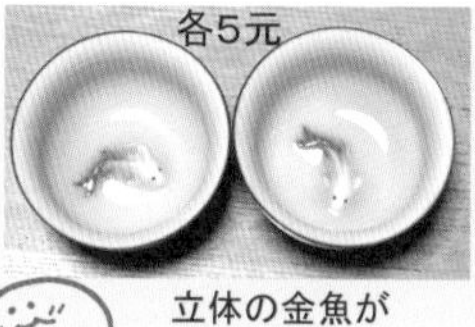

立体の金魚がキモかわいい。

安くてラッキーでもやっぱり骨董品じゃなかったのね……

MUSEUMショップ

そんな中で、価格と品揃えがよい店と出会う。それは、博物館の中にありました。

香港歴史博物館 P56

書籍、アート的なグッズ、おもちゃっぽい雑貨…と、いろいろ。この旅で一番楽しめたお店かも。

25 元

38 元

香港ではもう見かけることはない、「食べ物屋台」のミニチュア。
「店主」付き。

ブリキのおもちゃのレプリカ。ゼンマイ仕掛けで、ピョンピョン進む。

見る角度で絵が変わるポストカード。
過去と現在なのかな？ 現在↑は看板が減ってる。

美荷樓生活館 P30

1950~70年代の団地がテーマの博物館だけあって、昔のおもちゃや駄菓子が売っていたり……小さいながらも、楽しいお店。

クリアファイル、20 元。「香港懐かしモノ」が裏表に描かれてる。

玉器市場へ

石好きとしては、ぜひ訪れたかった、玉器（ヒスイ）市場。

常設だからか、規模は小さめ。
ちょっと立ち止まるだけで、お店の人が過剰反応するので、ゆっくり見られない。

これ買うのか？こっちか？何個買うのか
も～まだ見てる段階だよ～

まわるうち、多くの店の品が、同じ問屋から仕入れた、観光客向けのものだと気づく。しかし10軒に1軒くらい、「この店主、石が好きなんだな～」と思わせる、こだわりの品揃えの店があった。しかし、そういう人に限ってシャイで、目を合わせてくれない……

もう買わないで出ようかと思いつつも「相場」が知りたくて、出口近くの店で、ピアスを指さし値段を聞いてみる。「300元」。そうですかと言って行こうとするが、案の定、それでは終わらず、「いくらなら買うか」と聞いてくる。

こっちの希望を言えって。どーしよう？
……怒らせちゃうかもしれないけど、60って言って終わらせよう

……と、大胆に下げてみる。これで交渉決裂となり、終わりかと思いきや、

150ならどうだ

と、続けてくる。

それに動じず、60、60、と言い続けていたら……

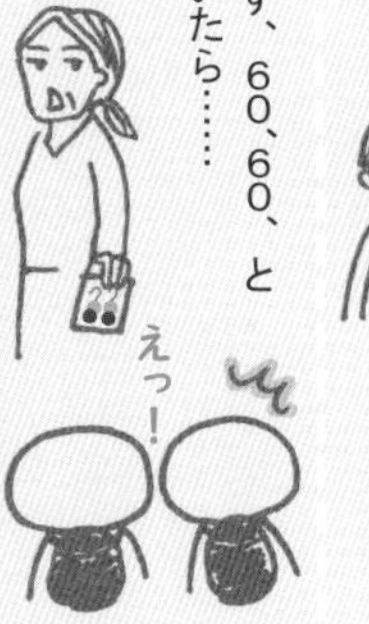
……オッケー 60
えっ！

まさかの交渉成立、図らずも、買うことに。交渉を有利にするには、欲しいそぶりを見せないこととされるが、まさにそれ。

60 元≒ 1000 円

まだまだ

探してぐるぐる。

お値打ち急須

今までの店と比べると、激安。

どちらも、35元ほど。

個人のお店 P66

女性オーナーが、世界中で集めたDIY 系雑貨中心の店。香港のものは少ないけど、彼女のセレクトセンスが光る。

KANAMONO GOODS
オリジナルステッカーをプレゼントしてくれた。
パンダペンは台湾製。書くたびに、手足バタバタ。
2つで90元。
このスイッチはマグネット付き。京都で仕入れたんだそう。
買ってからは毎朝、出かける前に、パチッと押していた。

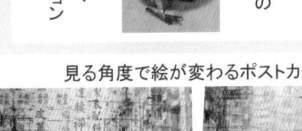

人へのお土産

香港
HONG KONG

甥っ子へのお土産、ザ・香港Tシャツ。

意外とこういう「ベタ土産」を売ってる店が少なかった。

さあ次は、人にあげるお土産も探さなくちゃ。残るモノより、食べ物のほうがいいのかな……おいしいお菓子があるといいな。

おかあさんへのお土産、どうしよー
本の担当さんには何がいいかなあ

懐かしの味に再会

前ページで、ちょっとディスってしまった、裕華國産百貨ですが……その地下の食品売り場で、ずっと探し続けてきた「蓮《ハス》の実の甘納豆」を見つけました。

あーっ！蓮の実ー!!

以前、ベトナムで買い、母たちに好評だった一品。それ以来、旅先で、ずっと探していたのだが、台湾でも見つけられなかった……

なので、ちょっとコーフン気味。

日本のデパートにも売ってるけど、味が、全然違うの～

早速、購入計画を立てる。

だるそうに、商品をつまみ食いする店員。↓
どれくらい買おうか
他の人にもこれにしようよ
最初から小袋に分けて…
10袋くらい必要かな

すると店員さん、「大量に買う客」と察知したのか、急にスイッチが入り……

ちょうどよい小袋を出してきてくれたりと、協力的に。

ほら
あっ♡ありがとう
おお、この袋いいね～店名も入ってるし

200gくらいの小袋を、10個作っていく。

テキ
パキ
テキ
パキ
よさげな粒を選んで入れる係。
重さを量る係。
袋を閉じて、シールを貼る係。

長年工場で、一緒に働いてきた仲間のように、妙に息の合った3人。

最後に、「割れた実」をおまけにくれた。

これは、あなたたちに
えー、ありがとー！
……日当？

1袋22元ほど。

それを自分たちで食べたんだけど、一番おいしかったかも。表面の砂糖とのバランスなのかな。

これもまた、懐かしの味

マカオでは、ポルトガル産の「魚の缶詰」が、お土産としてポピュラーだと知り……

え、じゃあ、ポルトガルでよく食べたバカリャウ（タラ）の缶詰もあるのかな？

オシャレな、缶詰専門店に行ってみると、一番安いオイルサーディンで40パタカ、バカリャウは80パタカもした。

缶詰で1200円は、ちょっとなぁ……

そうだ！ もしかして、スーパーマーケットにあるんじゃない？

……というわけでポルトガル食材を扱うスーパーへ。沢山の缶詰の中から、バカリャウの缶詰を発見！

1個23パタカ。

デザインもいいね
みんなにも買っていこう

色違いのこれは、オイルサーディン。

ついでに、ポルトガルでハマっていた、「黄色い豆」も購入。これは、今晩のつまみ。

食べ始めたら止まらないんだよね～

トレモッソ。枝豆に近い味。

幻の味

深圳のセブン-イレブンで買ったお菓子。

蟹黄味瓜子仁
Sunflower Seeds

ヒマワリの種に、蟹みそ味の衣を付けたスナック。

7元

小分けされている。

おいしかったので香港でも買おうと思ったら、売ってなかった……

お土産にちょうどよかったのにな～、残念

海苔のパリパリ菓子

マカオの観光地を歩いていると、やたら「試食」を勧めてくる。

〈鳳凰巻〉という、パリパリした生地に海苔を巻き込んだお菓子。

洋菓子に海苔って……と、受け取らなかったが、ある時いただいてみたら……

あれ？ これイケるかも

2回3回と食べると、クセになってきて……ご購入～

うん、おいしいよこれ。海苔、合うよ（笑）

中国本土からの観光客、ほぼ全員が持っていた、この袋。

鉅記手信

「鉅記手信」はマカオの有名な菓子店なんだそう。

香港で買ったもの

香港では、特別な菓子店を見つけられず……

結局、←の菓子店の香港支店で、足りない分を買い足しました。（マカオより高かった～）

これは海苔が外側に巻いてあるタイプ。

こちらはジンジャークッキー。

最後に空港で、パンダの容器につられ、自分用にクッキーを買うことに。箱が2種類あり、さんざん迷ってからパンダ型のほうを持ってレジへ行くと……

四角缶のほうでしたら、今、割引をやっていますよ

え……じゃ、そっちも

「そっちで」って言うと思ったら……まさかの「両方」。

エンボス加工で、凝ったつくり。

なんとか、買えました～

続・香港マカオの人々

願い事を書いたリボンを木の枝に結びつける人。

この旅で出会った方たち。
みなさん、お元気でいらっしゃるでしょうか。
また会える、
そこに行けば
同じように そこにいる……
それはあたりまえじゃなくて
「奇跡」なんだと、
大人になって、
そして、年々、
痛感しています。

スーパーは あそこよ

歩道で地図を見てはキョロキョロしていると、通りかかったおねえさんがそれを覗き込み、

そのスーパーならここをまっすぐ行って右よ
……わかるかな?

結局、前を歩いて案内してくれました。

宿は あるの?

遅い時間にバスを待っていると、同じくバス待ちの地元の女性が声をかけてくれた。

これに乗って降りたあとは大丈夫?
宿は決まってる?
ダイジョブね?

旅人の私たちの安全を心配してくれる……

指さし会話

バスを降りると、目の前にいたおじさんが、私たちの表情を見るなり、目的地を察してか、ピッ、と
その方向を指さした。

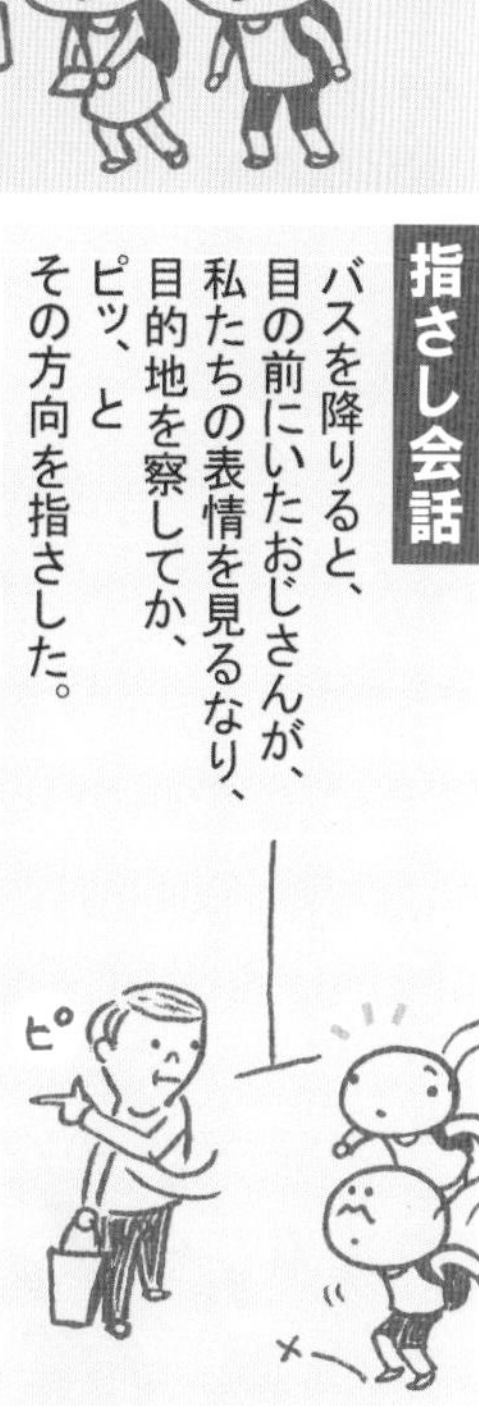

しゃべれなくて ごめんなさい

個性的でかわいい、小さな雑貨屋さんに入っていく。
少し見ていると、
お店の女性が後ろから言った。

コニチワ

日本語だ。そして慌てるように続けて英語で、
「でも日本語はしゃべれないんです、ごめんなさい〜」
と、すまなそうな顔。

それを見て、こちらも慌てて英語で返す。
「私たちだって、広東語、話せません。
こちらこそ、ごめんなさい〜」
「日本には何回か行っているのに
覚えられなくてごめんなさいね」
「いえいえ私たちも、あいさつの言葉から
なかなか増えていかなくて……」

……なんて、すまなそうな言葉の応酬。

お店の中を、
優しいそよ風が
ふきましたよ……

また元気で会えますように。

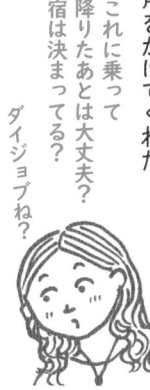

羅漢さん、もっと

P40に載せきれなかった羅漢さん、
ここで紹介させてください……

雰囲気イケメン

桃を食らう。

声が聞こえてきそう

このくらいの

で、どーなんだい？

えっと、それはですね

なぜか小指立てて
ウ〇コ乗せてる。

顔のインパクト

曲者。

異質な人。

まーじーでー。

嫌いじゃない。

希望。

絶望。

よこしま。

地味にリアル

なんらかの
お師匠さん。

落語界にいそう。

微妙な表情が、妙に人間っぽい。

あ、え？

「え？ 俺？」的な瞬間。

歌舞伎界にいそう。

ナルシストさん。

目の離れ具合に、
親近感。

俺も…いいよ

やぶさかではないかんじ。

気さくな師範。

はい、じゃあ、まず右足から…

アニメ界にいる。

あー、これでも載せきれない～

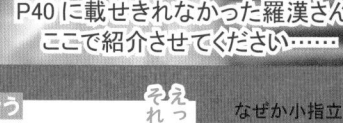

どしゃぶりの太平山街《タイペンサーンガイ》

最後の日、坂の町をあてもなく歩いてみる。あいにく今日は雨。それは、やむどころかどんどん激しくなり……慌てて店の軒先を借りて雨宿り。

どこから？
日本です
Café

横一列になって、立ち話。

Café

よく考えたら、ここカフェなんだから、彼らも私たちも、入って休めばいいのに……

ほんの少し雨が弱まってきたので、ちょっと進んでみる。

そしたら たちまち、もっとひどい降りになり、今度はお寺へ緊急避難。

でもその中はとても狭く、長くいるのは、なんだか気まずく……

じー

濡れるのを覚悟で寺を出て、さまようこと数分、目についた「オープンカフェ」に駆け込む。

AQUARIUS
水動樂

庶民的オープンカフェ。

飲み物のメニューに、不思議な名前が並ぶ。

阿華田？
好立克？
鴛鴦……？
適当に頼んでみよっか

待っているあいだに調べると、「阿華田」と「好立克」は、どちらもヨーロッパの麦芽飲料。

ミロみたいなものか
じゃ、粉をといて出してるのか。カフェで、それってあり？

好立克 と 鴛鴦。各 15 元。

甘さ控えめ、味も薄めで、物足りないような、ホッとするような。

「鴛鴦」というのは、コーヒーと紅茶のミックスで、香港の茶餐廳*などで、ポピュラーな飲み物だそう。

最終日にはじめて知ったよ
茶餐廳、ほとんど行かなかったもんね
コーヒーか紅茶、迷った時にいいな（笑）

*茶餐廳＝香港式カフェレストラン

小降りになったので、お散歩再開。

この辺りって、人が少ないし、静かで、いいかんじだね。

今日が雨だからかもしれないけど。

ぷ

窓に顔を押しつけ、ブチャイクになるネコ。

もしかして、みんなが笑顔になるの、わかっててやってる？

広場に出た。広場……？でもないか、建物と階段に囲まれた、なんだか不思議な空間。まわりの建物に住む人たちの、共有スペースだろうか。どうってことのない一角なのに、なぜか2人して、この場所に、心を奪われてしまった。

妄想する。
この建物の3階に仕事場があって……
疲れたら気分転換にこの広場に出てくる。
すると、
お向かいのビルに住む同業者とばったり会って、ちょっと立ち話……
涼しい夕暮れには、この階段に座って、香港の町を眺め……
仕事が終わったら、2人で下のバーへ。
新しい仕事について話が盛り上がる……

うぅ〜ここに仕事場欲しーい！

下りの階段に続いていく。

いつのまにか、雨はやんでいました。

耳元で感じる空気の音が
東京を歩いている時と似ていた。

そして　においも。

排気ガスでのどが痛くなったりしない。
（歩きタバコの煙はひどかったけど）

地下鉄に乗れば
車内の静けさも、居眠りとスマホ凝視の割合もそっくり。
人気のラーメン屋さんには行列が出来て静かに並んでいるし、
お寿司屋さんには寿司らしいネタが揃ってる。

すかした都会のすぐ隣に、下町の活気があるのも。
思ったより近かった香港。

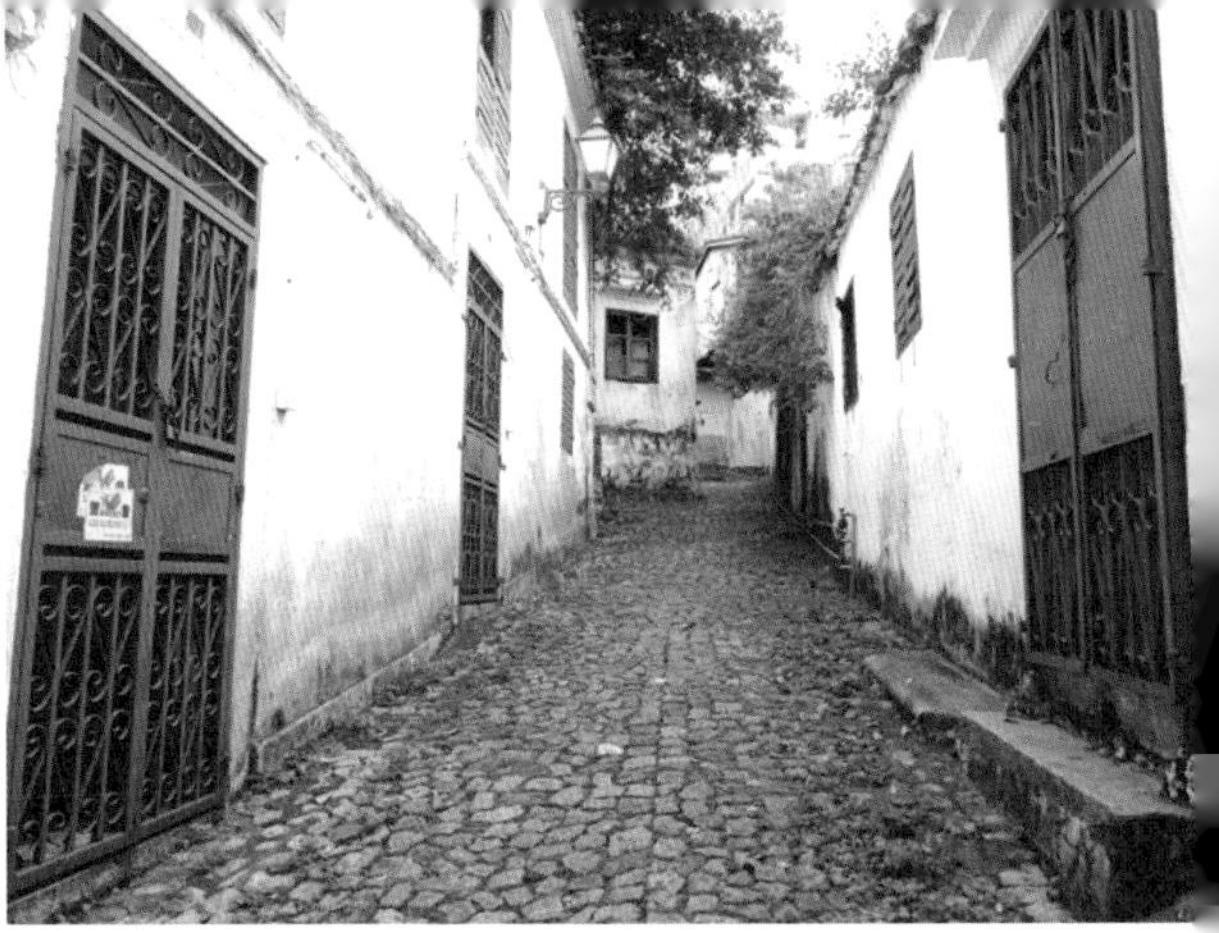

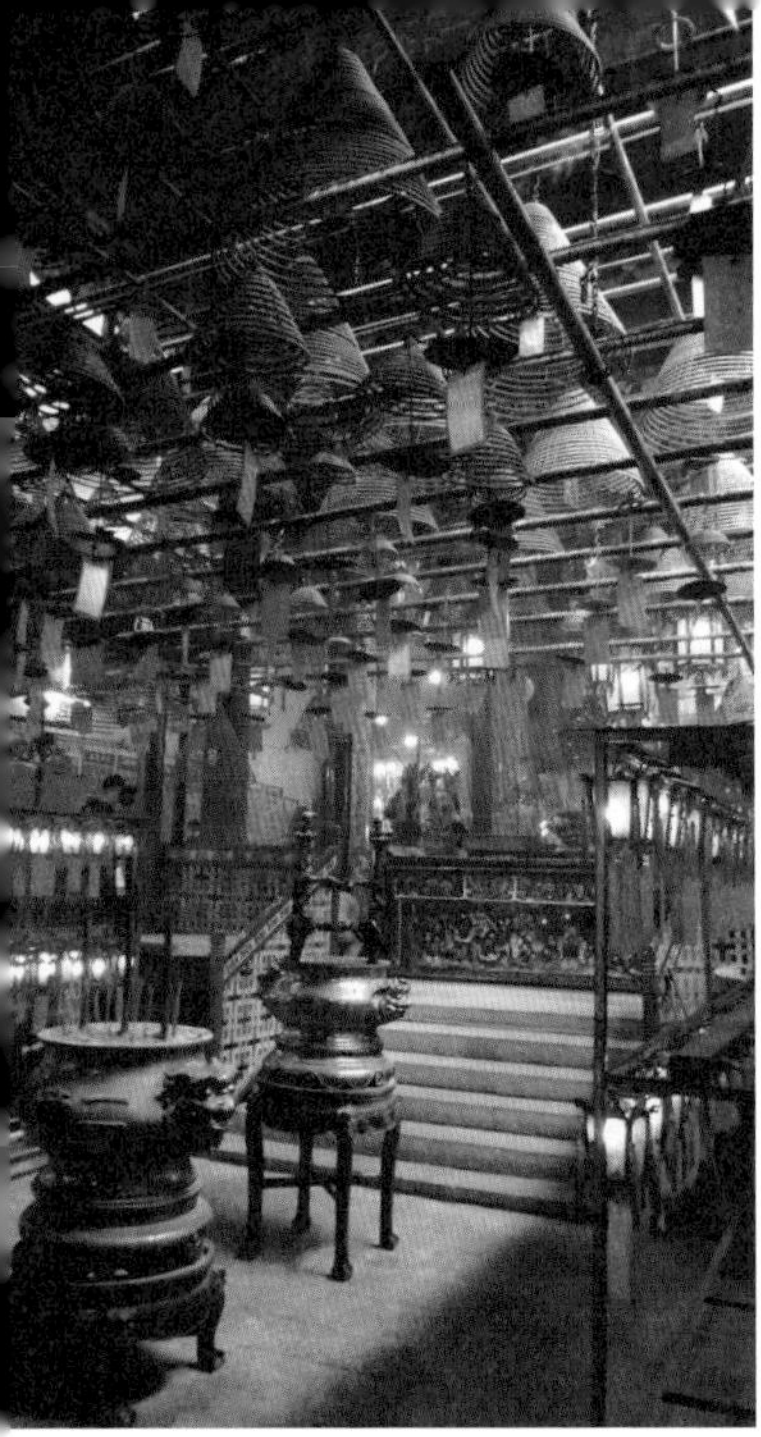

香港、マカオ、深圳。
3週間の旅が終わる。
次来た時も、
のんびりと
町歩きが
できますように。

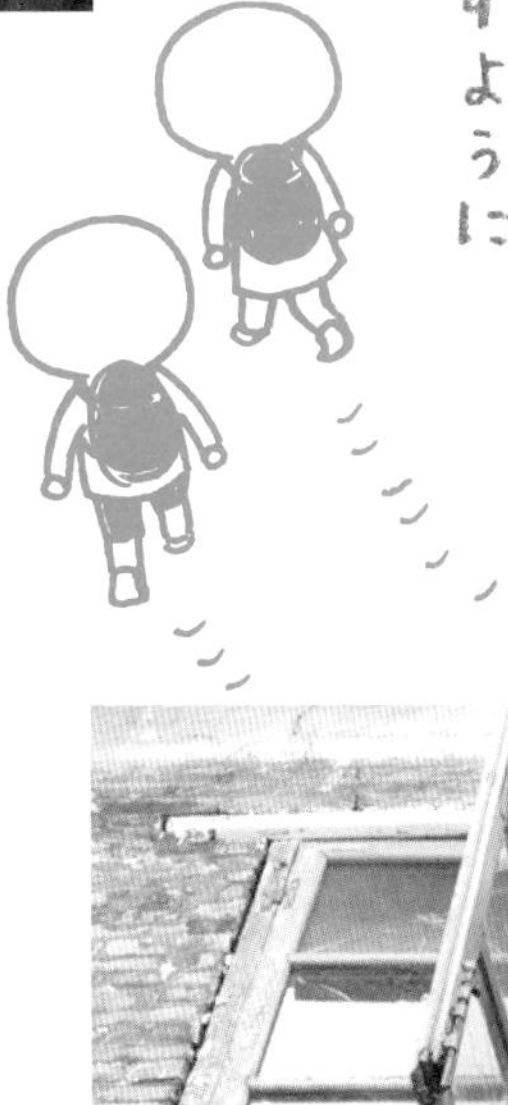

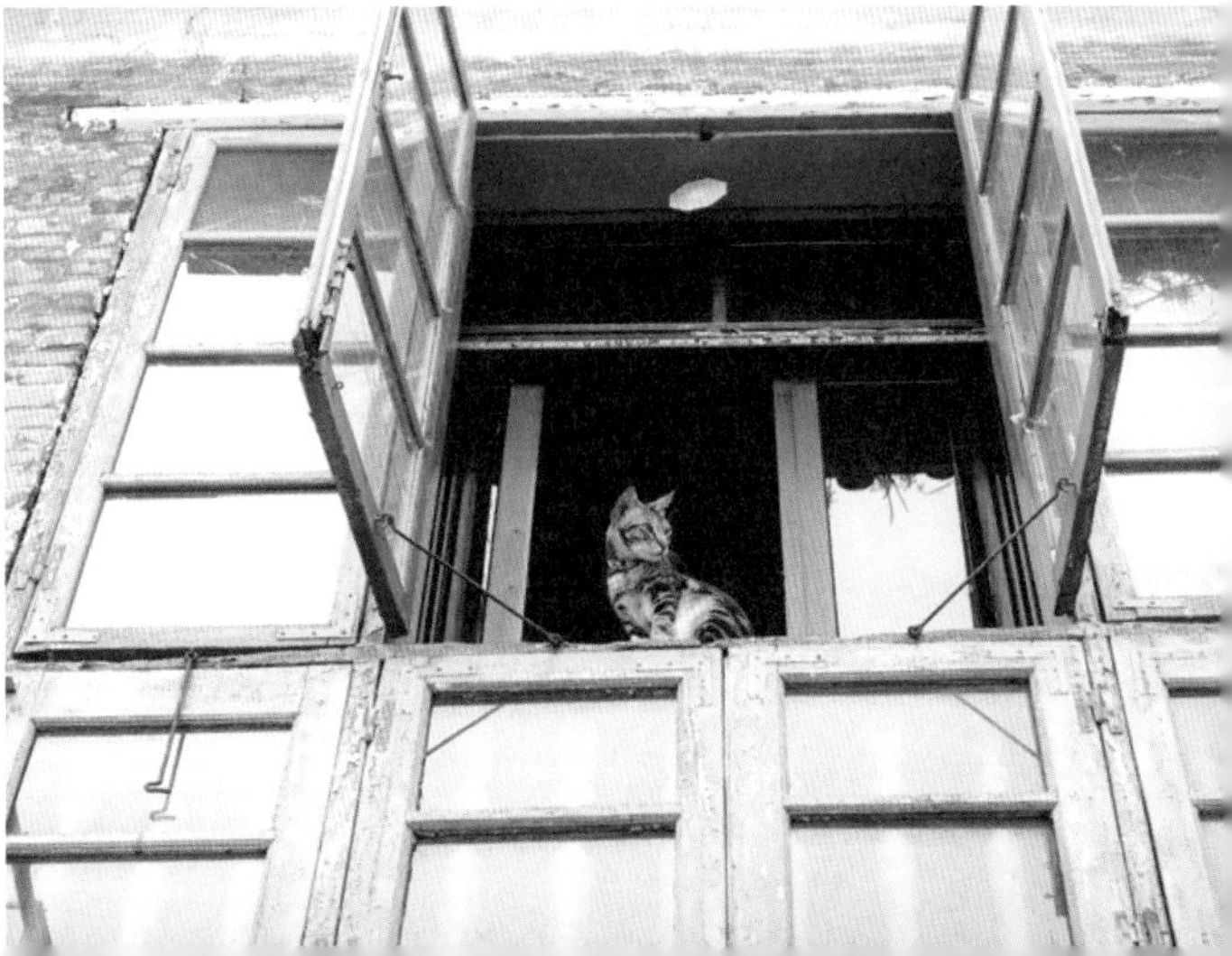

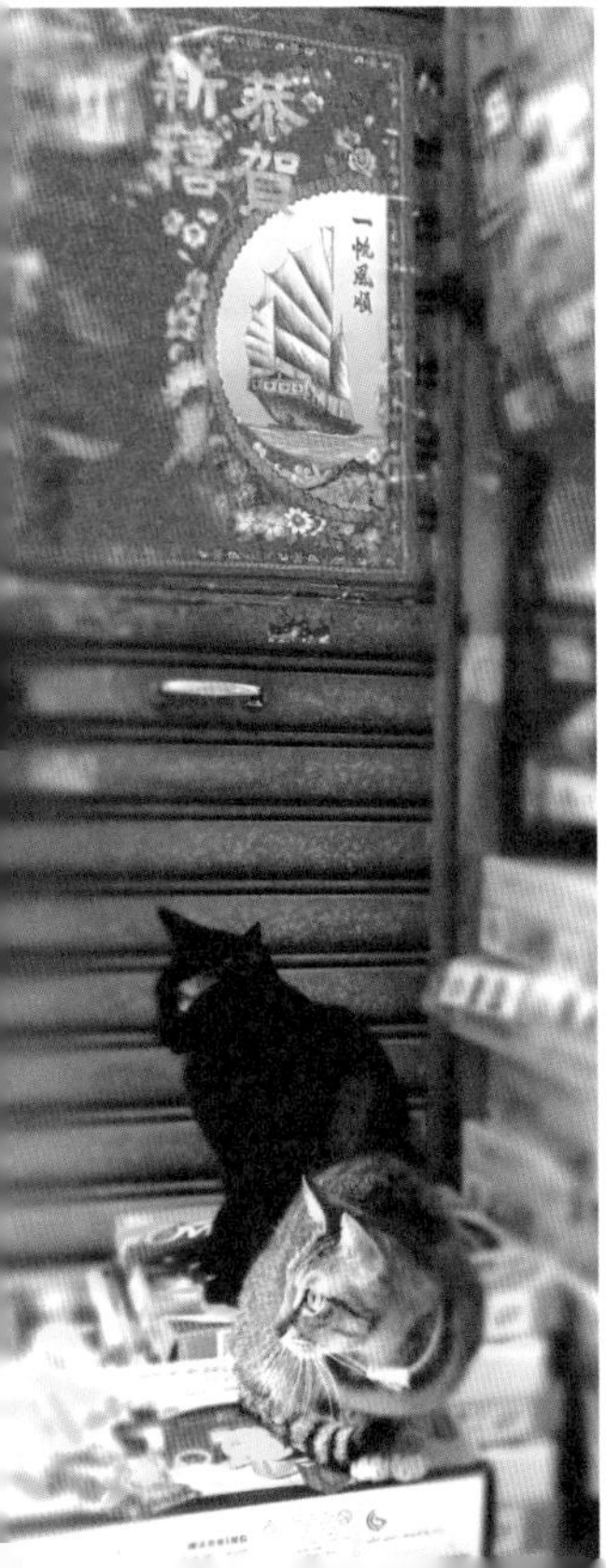

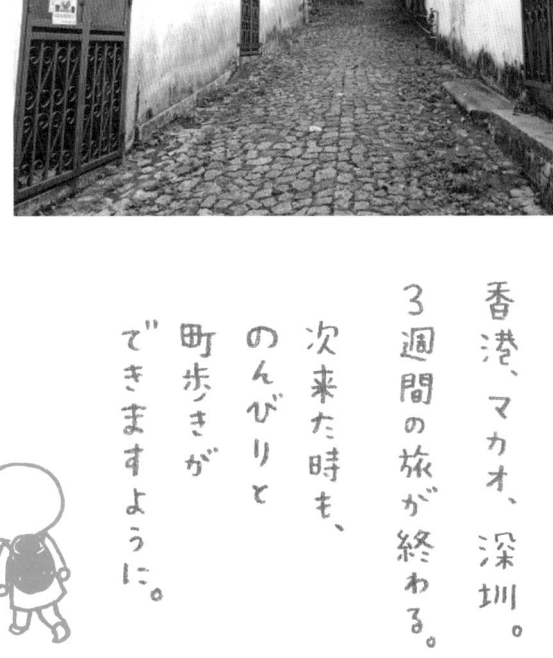

風景……

菓子店に飾ってあった昔の写真。

お店の前に、椅子がある。
ということは、これって屋台だね。

いいなー タイムトリップしたい

この時代（1950～60年代？）は、
まだ横型の看板は無かったのか？

1881ヘリテージ。香港のど真ん中、
屋上から、すごい大木！

建物……

2次元の世界から
出てきたようなビル。

ぐにゅっと捻じれてる
マンション。

細長～いビル。

これが、ザ・ペニンシュラ！

竹の足場……

足場はすべて、「竹」製。

←職人さん。

↑職人さん。

今組み立ててるところだね

身軽だ～

高層ビルにも「竹」。

だいじょぶなの？

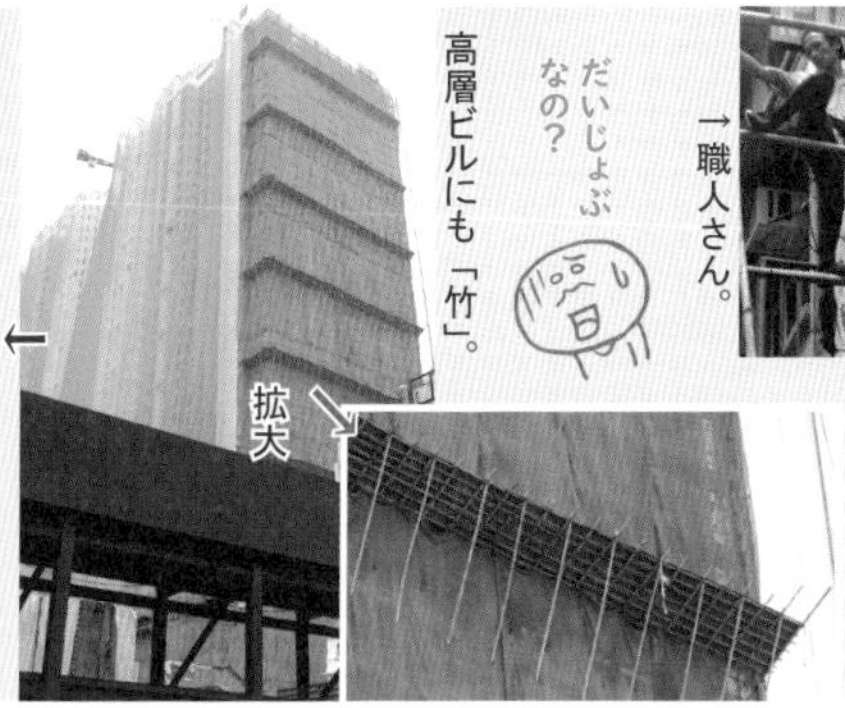

拡大

人々……

お店から出てきて、
おもむろに伸びをする
おばちゃん。奥を見ると、
雀卓を囲む人たちが。

なるほど。交代したのね

博物館にあった、
←昔の子どもたちの等身大の写真。
その前で、同じポーズをとる子どもたち。
ほほえましいを通り越して泣きそうになる。

時空を超えてる～

「私のかばん」。
一見役に立ちそうだけど、
よく考えたら全く意味がない。
盗んだ人が持っても
「私のかばん」。

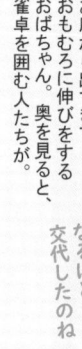

マカオの町並み。もっと散歩したかったな。

歩道にあったオブジェ。右から見ると、鏡になっていて……

左から見ると、木の板。

バスが映ってるね

龍が彫ってある

風水的な意味もあるのかな

雑な塗り方が、かわいい。

ん？なんだこれ？…あ、物干しか！

小さなビルの入り口。階段脇に、電気機器とポストがびっしり。

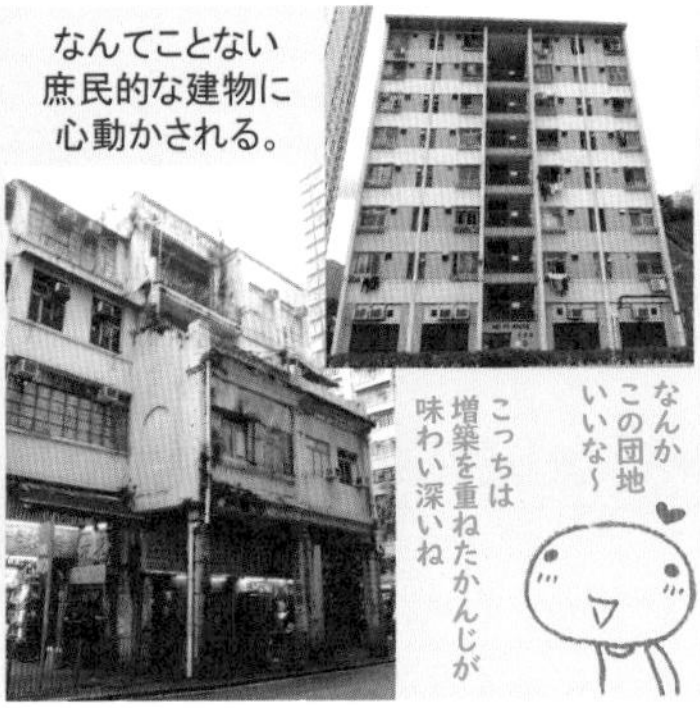

なんてことない庶民的な建物に心動かされる。

なんかこの団地いいな〜

こっちは増築を重ねたかんじが味わい深いね

絵に描いたレンガ。

これもまた、「修復って、なに？」モンダイ。

土台はどうなっているかというと……

えっ、これだけ？

つま先立ちしてる

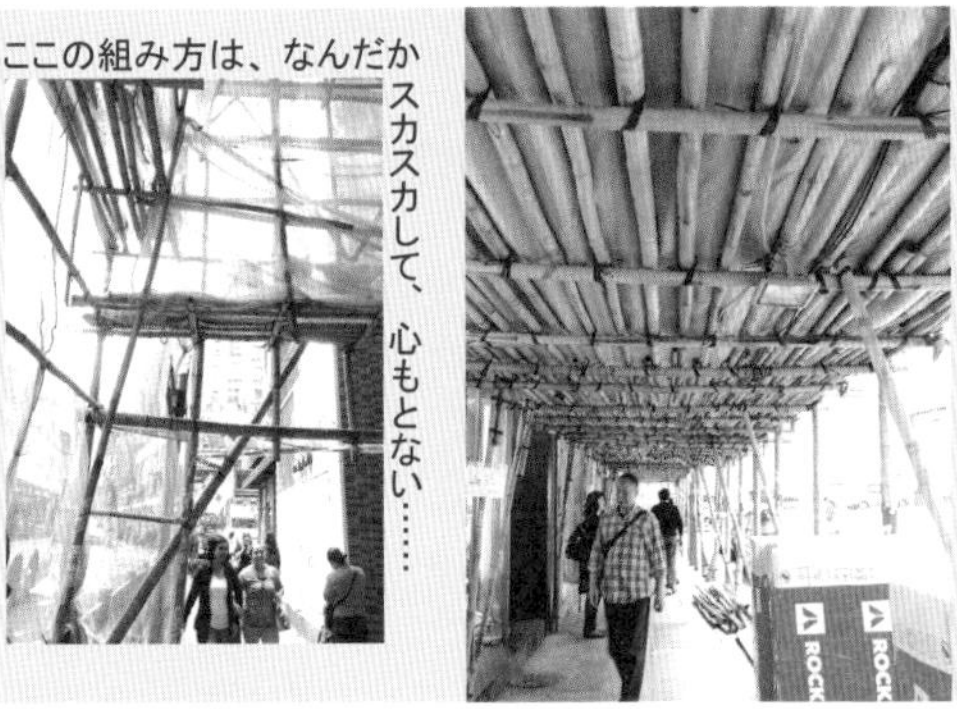

ここの組み方は、なんだかスカスカして、心もとない……

金属のパイプより、しなやかなのかな。

歩道の真ん中で、イヌに「コロコロ」をするおじさん。

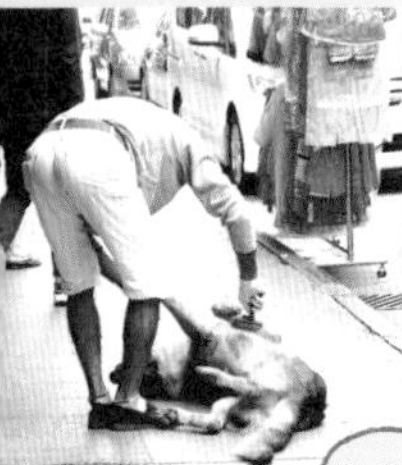

公園で運動するペアルックのおばちゃん。

ソフトクリームを食べながらスマホするおじさん。たたずまいが、ほぼ女子。

歩道で、餃子の仕込み作業。

肌色系の、ぴちぴちレギンス。

うわ、びっくりした〜！

パンダちゃん……

本場……の割には、あまり出会えなかった、パンダちゃん。

うーん、連れて帰るかんじじゃないかも～

お店の看板。身にまといすぎキャラ。

PANDA & SON
EST. 2018

ポストに、パンダの生首が！

……と思ったら、「首から下がパンダの人」が、取りに来た。

パンダの皮が～

パンダ印の宅配便？

追いかけたい

お寺、占い……

ニャッ

日本の神社仏閣ではあまり見ない表情。

べぇ～

この表情も斬新。

千手観音。ほんとに千手ありそう。ランダムに飛び出てる手が、「自由」で楽しい。

狛犬的な虎が、

生肉をベロンッとくわえてた。

看板いろいろ……

横断歩道に書いてある、「右を見よ」という文字と矢印。

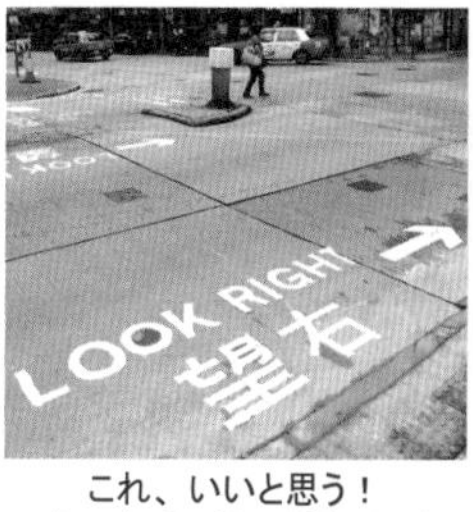
LOOK RIGHT
望右

これ、いいと思う！日本にもパンダのがあるよね。

「トイレにゴミを捨てるな」のポスター。

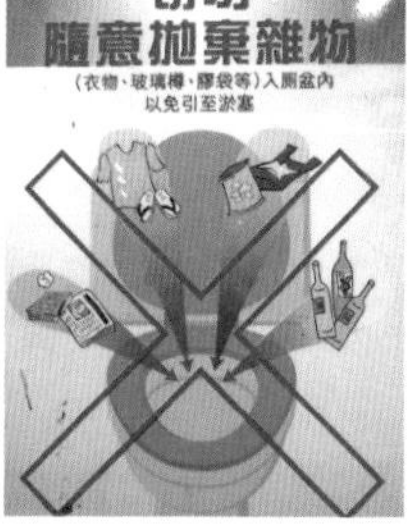
切勿
隨意拋棄雜物
(衣物、玻璃樽、膠袋等)入廁盆內
以免引至淤塞

でも、ビン、Tシャツ、本、サンダル……って、こんなもの捨てる人いるの？

スタバにあった看板。麻雀牌でできてる。

トイレの表示。

遠くからも見やすいデザイン。

かわいいし。

まだまだ……

思わず二度見、麺料理のメニュー看板。

順德魚頭料理專門店

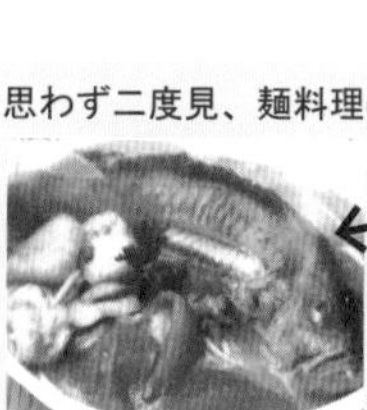

グロテスクな顔の大きな魚が丸ごと…

どんぶりがバケツに見える～

飲茶屋さんの円卓の下の、丸い荷物台。ここに伝票やメニューを置く。

スターフェリーの座席。

星がステキ。

深圳のセブンイレブン。

椅子、……低くない？

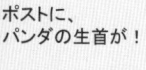

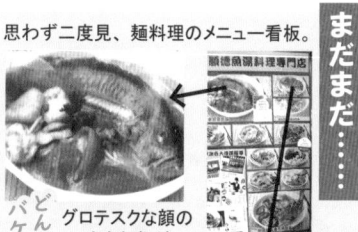

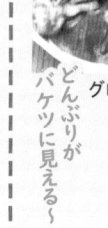

ブタ年……

訪れたのは、60年に一度という、「黄金のブタ年」。景気のよさそうなブタさんたちが、町に溢れてました。

貯金箱かな？

かわいいから拡大。

←「元宝」を背負ったブタさん。

おっさんぽい。

ご利益ありそう。

深圳のフードコートにいた、おさげ髪の、双子の……鬼？

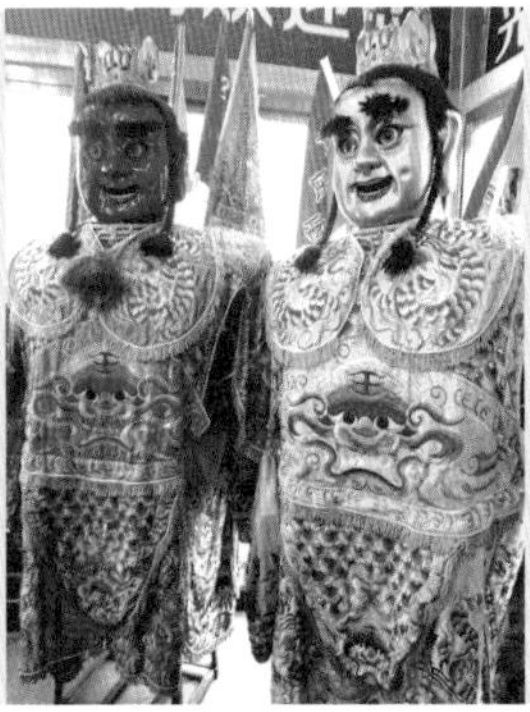

ガード下、パンッ、パンッ、と反響する音。スリッパを使って厄払いをしてくれるのだとか。怪しい雰囲気の一角。

天后廟近くの占い通り。

競馬好きならわくわくしちゃう？

この文字、木彫りなのかな？質感も色も書体もステキ～

説得力に欠ける看板。

こっちのステンシルは、アレっぽいよね。バン……

古さが味わい深い、ステンシル文字。

訂正が雑すぎ。

デパートの赤パン推し。

ペット屋さんの店先、大量のアルビノのカエル。キモカワ～

接着剤の広告。足がなぜか「樹木感」。

ベランダにカラフルな飾り。近づいて見てみると……果物を守るアレ。

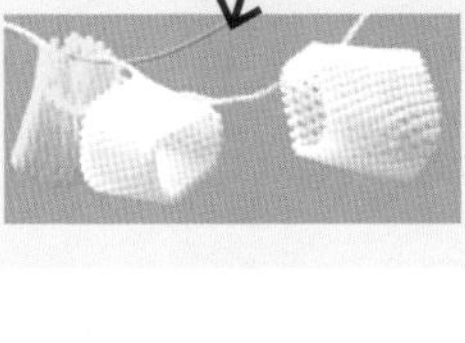

コンクリに埋め込まれてた栓抜き。

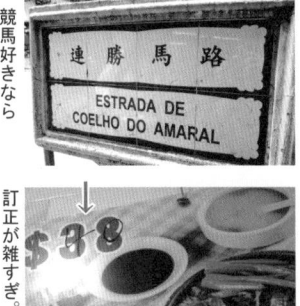

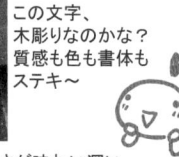

はしりがき

骨付の肉が入った包子。

(肉)

あぶなくね？

なんでこんなに重いのか。
きゅうす。

なんでこんなに
つまみにくいのか。
フタのコレ。

蒸すって万能…。
ヘルシーな、蒸し物天国。

住宅街に泊まると、
スーパーマーケットが
多くてうれしい！
助かる〜

店に入るとたんに
食欲が縮む寒さ。
人間の鮮度を保つ
ためとしか思えない
極冷房。

食べ物屋台が
無いなんて!!

大声でがなる人がいたら
必ず見てみることにしている。
「あれで怒ってないんだ……」
「あれでケンカじゃないんだ……」
って、感動したくて。

オフィス街を
歩いていたら……
都会の、洗練された人々の
流れを見た。お昼時には
高級ランチの店に並ぶOL、
サラリーマン。……そっか！
こちらが生粋の香港人の姿か。
忘れてた「香港ぽさ」を
思い出した。

学の印をつけた教習車。
助手席で教官がカップラーメンを
すすりながら指示を出してた。自由〜♪

賑やかな看板。でも新しいものばかり。

「長寿」は申告制??
……ってくらい、老人が歩いていない。

雨の日は
赤い袋をかぶってる
おばちゃん。

あたたかく想像。

地下鉄
ホームへ降りるエレベーターに
長蛇の列。
『ホームへ降りるくらい階段で行けば
いいのに～』と、階段を選んでみて
わかったこと。びっっっくりするほど下る!!
地下5階以上?? 目が回った。

市場に干されてる
肌色のゴム手袋、2度見!!

食堂でいじわるされると、そのあと
何軒かハシゴする。
「みんながそんなワケない」と、
やさしい人にあたるまで。

あ～けむいよ
まち歩き♪

駅構内に配置されてる
「案内係」のおばちゃんは、
いつも親切。旅人（わたしたち）
を見つけると、スタスタ近づいてきて、
あっちだ、こっちだ、こっち、ここ離れ、
と、ニコニコ案内してくれる。たのしいの

カジノの
ディーラー
大あくび。
「はぁ～ぁぁあぁ
あぁ～ぅ」
退屈の表現
ではないらしい。

車のバックに
「豊田 TOYOTA 田」

現地の人も驚く
マンションの価格。

（約24億円）

2度見していた

昔の看板は、どんどんなくなっていくんだろうな。

カジノで小さく遊んだあと、宿へ戻るバスを待つ。
……が、なかなかバスが来ない。

もう、歩いてしまおうか。
方向さえ合っていれば、戻れるだろう。

しかしいくら歩いても歩いても、思い描いたところにたどり着けない。
なんか違う。

十字路に立ち、通りの名前を確認し、紙の地図で、その名前を探す。
でも、焦って、見つからない。

ふと、道路の向こうにいた、ちょっと怖そうなおじさんと目が合う。
しかしその瞬間、目をそらされた。

地図に視線を戻すも、もう、北も南も、
どっちから来たかも、わからなくなってきた。

ため息とともに顔を上げると、
さっきのおじさんとその仲間たちが、こちらを見ていた。

今度は目はそらされなかったけど、無言。
面倒なことに関わりたくないのかもしれないな。
それでも私たちは、おじさんたちに駆け寄り、
地図の上の、民泊のある小さな通りを指さした。

おじさんたちは、その地図を覗き込み、あれこれ話している。
そのうち1人が「わかった！」というように、ある方向を指さした。
すると隣のおじさんがそれを制するように声を荒げる。
何を話しているのかはわからないが、

あっちだ！　こっちだ！　いや、違う！
お前そもそも地図なんて読めるのか？　なんだと、コノヤロー！

……みたいなトーンで、ちょっとしたもめ事が始まっちゃった模様。

「あ、あの、ケンカしないで……」と、止めに入ると、
おじさんたちは振り向き、私たちの慌てぶりを見て、初めて少し笑顔になった。

「大丈夫だよ、ケンカじゃないよ、その宿の場所について話してただけだよ」

そして、どう話がまとまったのか、
そのうちの3人が、私たちを連れて行ってくれることになった。

おじさんたちと連れだって歩く。
こんな時たいてい、「どこから来たんだ?」なんてやりとりが始まるものだが、
おじさんたちは、私たちと数メートル距離をおき、会話もない。

恐る恐る、
「マカオはいい街ですね、大好きです」と話しかけてみるが、
おじさんたちは、一瞬ひるんだあと、「そ、そうか」、と一言だけ。

そのあと、また無言で進み続ける、おじさんと私たち。

それにしてもずいぶん歩いた。
おじさんたちはこの距離を戻って帰るのかと思うと、申し訳ない。

そう思った時、唐突に見覚えのある通りに出た。
「あっ! あの印刷屋さん、この道、いつもの……!!」
思わず叫ぶと、おじさんたちは驚いて振り返る。

私たちは思わず駆け寄り、「ありがとう!」と、両手をあげ、ハイタッチを求める。
おじさんたちは、面食らいつつも応じてくれ、こわばっていた顔が、少し緩んだ。
そして、もう大丈夫か? と念押しして、今来た道を戻っていった。

おじさんたちの姿が見えなくなるまで見送り、ふと、空を見上げると、
さっきまで遊んでいたリスボアホテルが、
ギラギラと光を放ち、そびえたっていた。

ついさっきまでいたはずなのに、
もう、すごく遠い世界に感じた。

あとがき。

この本を書いている横で、テレビから、香港のデモのニュースが流れている。
本を書く前は、昔の香港（返還前や直後）を知らずに書くことに、引け目を感じていた。
また、単純に、その時代の空気感を味わってみたかったと、くやしいキモチもあった。
もう戻れない時代に、思いを馳せていた。

しかし今、変わりつつある香港を見て、

そうか、この旅で私たちが過ごした香港も、
いつか、手の届かない「過去」になるんだ。
数年後には味わえないかもしれない、
今だけの香港なんだ。

そんな、あたりまえのことに気づいた。

あなたがこの本を読んでいる時、
ここに書かれている香港は、もう過去のもので、
いつか香港を訪れる時には、これとはまた違う香港になっているでしょう。
もちろん、それは、香港に限らず、
すべての町、この世のすべてに言えることだけど。

これは、ある時、私たちが訪れた香港の記録。
あなたがかつて訪れた香港も、
あなたがこの先訪れる香港も、
その一瞬だけのもの。

時間とともに変化していく土地があり、
やはり、時間とともに変わっていく自分自身がいて、

旅は、そんな奇跡的な出会いで作られる。

さいごに……
香港でお会いしたみなさま、
そしてこの本の制作に関わってくださったすべての方々に感謝します。

どうもありがとうございました。

Kちゃんと
Nくん、
Uさん、
ありがとう
ございました!!

k. m. p.
ムラマツエリコ
なかがわみどり

香港のおみくじ。

2人で活動しているデザインユニット。
旅に出て旅行記をかいたり、
イラストをかいたり、絵本をつくったり、
雑貨をつくってみたり……
カタチにこだわらない モノづくりをしています。

著書には、
『おかあさんとあたし。①&②』（大和書房）、
『おかあさん、ずっとみてて。』（KADOKAWA）、
『イラスト旅ノート。』（JTBパブリッシング）など。

k.m.p.の
香港《ほんこん》・マカオぐるぐる。

本書は、
2019年2～3月に旅し、
そのキロクをもとに
描いたものです。

2020年　4月　1日　第1刷　発行

著者
ブックデザイン　k.m.p.《ケー・エム・ピー》 なかがわ みどり　ムラマツ エリコ

発行者　千石雅仁

発行所　東京書籍株式会社　〒114-8524 東京都北区堀船2-17-1
TEL 03-5390-7531（営業）03-5390-7512（編集）
https://www.tokyo-shoseki.co.jp

印刷・製本　図書印刷株式会社

ISBN 978-4-487-81246-2 C0095

東京書籍の k.m.p. の本

旅行記からエッセイまで。

『k.m.p.の、ハワイぐるぐる。車で一周、ハワイ島 オアフ島 の旅。』

次のハワイはレンタカーで、と思っている方に。ハワイ島のディープな情報から、オアフ島・ワイキキのベタな過ごし方まで。

本体 1,300 円（税別）

『k.m.p.の、台湾ぐるぐる。』

約20都市を、1ヵ月かけて一周した旅。きゅん、とする 台湾の魅力と、旅のヒントが詰まってます。

本体 1,300 円（税別）

『k.m.p.の、タイぐるぐる。』

ちょうどいい旅スタイルでまわった、7都市。バックパッカーほど強くない旅人ならではの、旅のコツとこだわりをお見せします。

本体 1,300 円（税別）

『k.m.p.の、おまけのキモチ。』

簡単にできるラッピングのコツ、満載。10種類の「ふろく」付いてます ↓

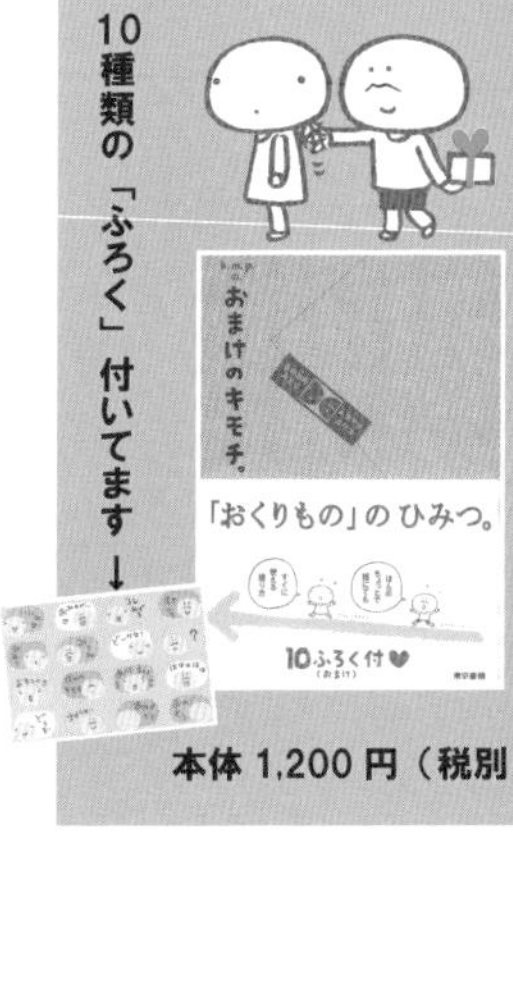

本体 1,200 円（税別）

『ムスメからおとうさんへ。いろんなキモチぐるぐる。』

おとうさんへの思い、私たちの物語と、50人の「ムスメたち」からの寄稿。

本体 1,400 円（税別）

『k.m.p.の、モロッコぐるぐる。』（オンデマンド版）

青い町シャウエン、赤い町マラケシュ……安宿のコツや、砂漠での過ごし方なども。

本体 1,782 円（税別）

↑　↑
旅じゃない本

はしりがき

マカオ編

焦げめが顔認証されてしまうタルトたち

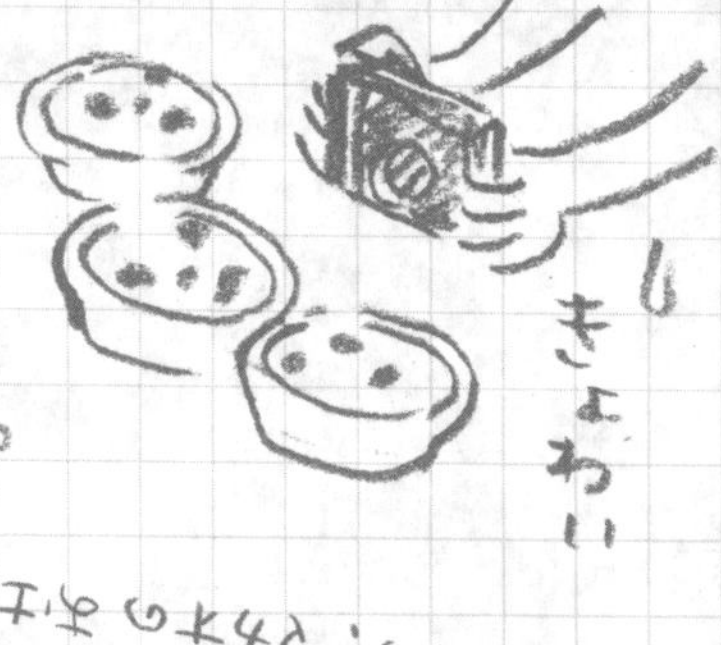

きょわい

マカオ のまち歩き。
お散歩でポルトガルを感じ、
信号待ちのバイクの数にアジアを感じ、
食事で、中国を感じ……
そして夜は、ラスベガスのにおいで目が冴える。

どんなにせまい場所にも広場が設けられ、建物の中にもパティオがつくられ…… そんな余裕が、ヨーロッパを感じさせるのかな。

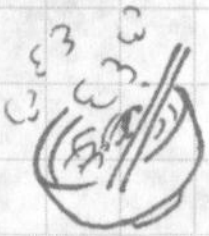

わざわざパタカに両替したら香港ドルより高かった!! がっかり

こんなマカオ知らなかった。
島を出るフェリーからまた来るね、って言っちゃう。
もっともっと、ゆっくり、じっくり、この島をまわりたい。
っていう思いが、マカオのお土産。

スロット台で出産中の人?

市場のおばちゃん。
自分のケータイをこちらに渡す。
「自分と店を撮って」と。
「日本人なら写真撮るのうまいでしょ」
だそうだ。
↓
カメラのメーカーが日本だから、だって。

市場に入ると
ふっ……となつかしい、
ポルトガルを感じるにおい。
たどってみると…ポルトガル名物の
干しタラ、バカリャウだ!!

くっさー♥

カジノに出かける前の
腹ごしらえにパンを買った。
……えっ?? パンのレベル
高くない?? マカオ!!

馬車道さんのルーレットに
夢中になってた子どもの頃の
コーフンが、カジノで
再燃した?

タルトのダメ味は……
卵が生臭いか、
タルト生地にまずいバターが
使われたか。

肌色パンツが1枚
なんでココに、
という干し方

たのしい路地歩き

ずっと歩いてきた
石畳の小道がプツッと終わり
アスファルトにかわると、
あ そっか! 中国だっけ、と
思い直す

マカオののどかさ、ごちゃまぜさ……
やさしさ、こういうの全部
を、たのしめる

博物館の学芸員が
客の誰よりキョーミなさそう
だと、悲しい。

マカオのパンダ館にいるパンダの
プロフィールをみかけた。
出生地や誕生日以外に、
「外観特徴」「性格特徴」まで細かく
細かく記されていて、この地で愛されているかんじが
伝わってきて心温まって、とってもいやされる〜
次回はぜひ会いたい!!

茶餐廳のお店主さん、
まちゃん店の客へ。
ねぇ、いつもお店の
おかみさん、好きでしょ
え、なんでわかるの
ジャッキー、ぽいから
バレてたか……!!

マカオで思う……
ねまきのような服を
着ている人が増えた?